Kartenausschnitt 1

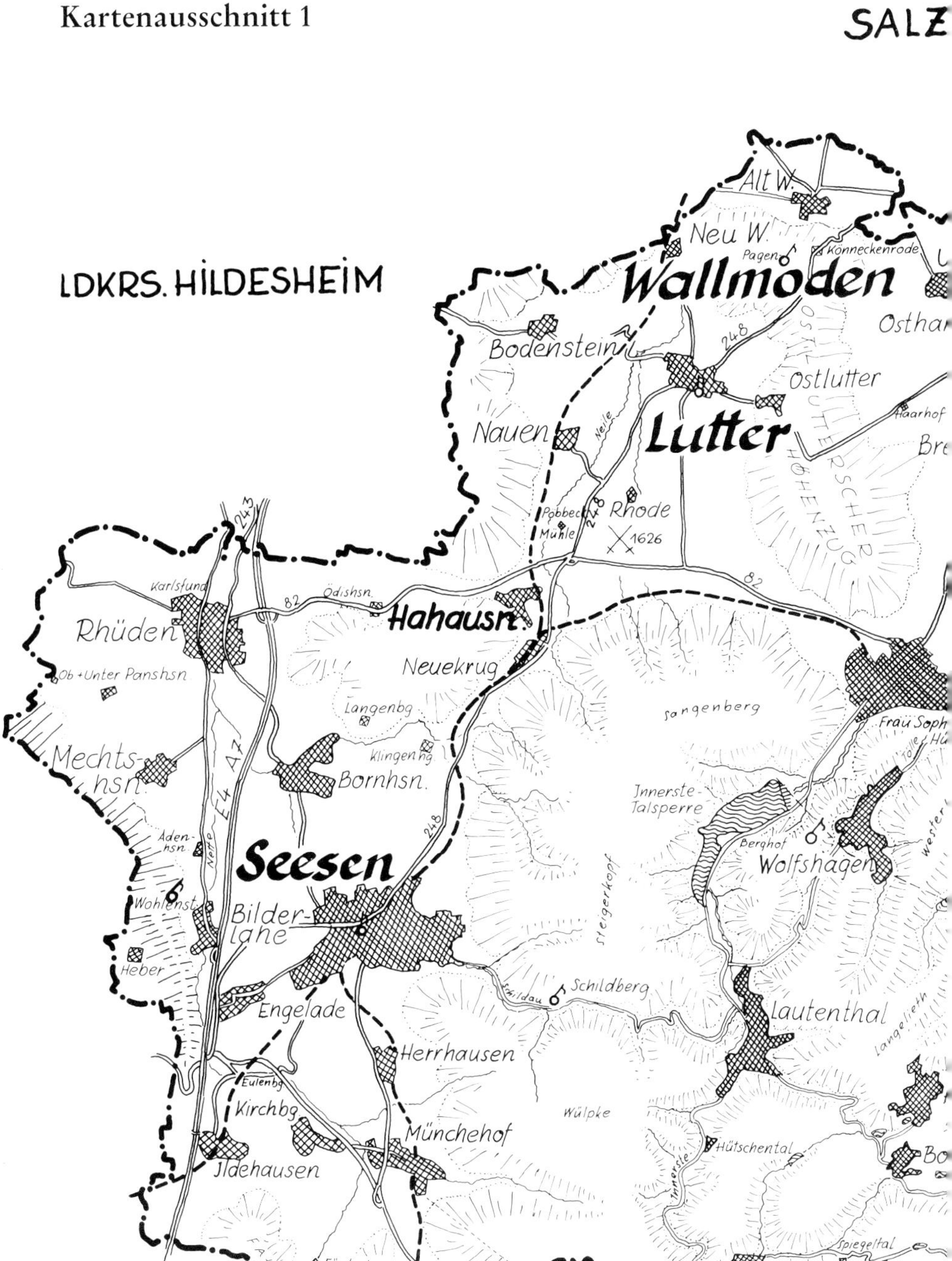

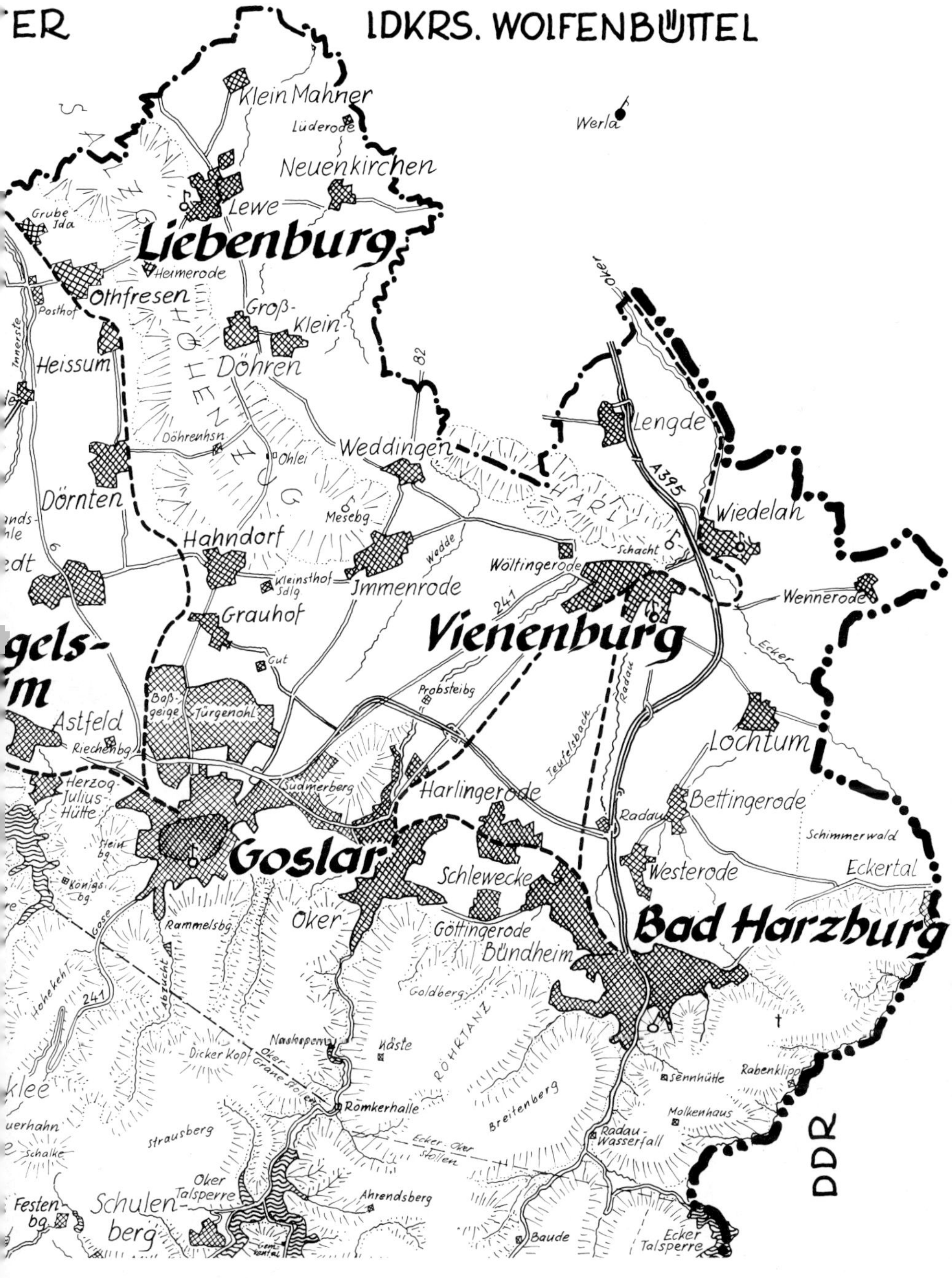

ER
LDKRS. WOLFENBÜTTEL
Klein Mahner
Lüderode
Werla
Neuenkirchen
Lewe
Grube Ida
Liebenburg
Heimerode
Othfresen
Posthof
Innerste
Groß-
Klein-
Döhren
Heissum
82
Oker
Lengde
Döhrenhsn
Ohlei
Weddingen
A395
Dörnten
Mesebg.
Wiedelah
Hahndorf
Wedde
Schacht
Wöltingerode
Wennerode
Kleinsthof Sdlg.
Immenrode
241
Grauhof
Vienenburg
Ecker
gels-
m
Gut
Probsteibg
Radau
Teufelsbach
Baß-geige
Jürgenohl
Astfeld
Lochtum
Riechenbg
Herzog-Julius-Hütte
Sudmerberg
Harlingerode
Bettingerode
Radau
Schimmerwald
Steinbg
Goslar
Westerode
Eckertal
Schlewecke
Königsbg
Gose
Oker
Göttingerode
Bad Harzburg
Rammelsbg
Bündheim
Hohekehl
241
Abzucht
Goldberg
Nackenberg
Käste
Dicker Kopf
Oker-Grane-Stollen
Rohrtanz
Sennhütte
Rabenklippe
klee
Romkerhalle
Breitenberg
Molkenhaus
uerhahn
Strausberg
Radau-Wasserfall
Schalke
Ecker-Oker-Stollen
DDR
Oker Talsperre
Ahrendsberg
Festenbg.
Schulenberg
Baude
Ecker Talsperre

ISBN 3-927060-00-3
Druck: Friedrich Borek GmbH, Braunschweig

GELEITWORT

Die Gebietsreformen der Jahre 1972, 1974 und 1977 haben den Landkreis Goslar und seine Gemeinden zu einer neuen Einheit zusammenwachsen lassen.
Das kulturelle und gesellschaftliche Eigenleben eines jeden Ortes ist jedoch erhalten geblieben. Dieses Buch macht den Leser mit der Vergangenheit der Orte, die heute zum Landkreis Goslar gehören, vertraut und stellt das kulturelle Erbe dieses Lebensraumes in eindrucksvoller Weise in Text und Bildern dar.
Das Bewahren von Geschichte und Tradition ist für uns alle als Pflicht und Auftrag zu verstehen, sich selbstverantwortlich zu fühlen, für das Werk unserer Vorfahren und darauf aufbauend verantwortungsvoll in der Gegenwart zu wirken und für die Zukunft zu handeln.

LANDKREIS GOSLAR

Homann
Landrat

Müller
Oberkreisdirektor

EINLEITUNG

Der Landkreis Goslar erhielt seinen heutigen Umfang erst mit dem Abschluß der Gebietsreform am 1. 8. 1977. Dabei wurden Gemeinden mit sehr unterschiedlichem Charakter, historischen Entwicklungen, landschaftlichen und wirtschaftlichen Grundlagen vereinigt. Das macht eine Beschreibung zugleich reizvoll und schwierig. Sie zwingt zum Beispiel dazu, die zu Einheits- und Samtgemeinden zusammengeschlossenen Ortschaften wieder einzeln zu behandeln. Manchmal haben sogar Ortsteile eine größere historische Bedeutung als die Kerngemeinde mit dem Verwaltungssitz.

Naturräumlich gliedert sich das Kreisgebiet in das überwiegend bewaldete Bergland des Westharzes und in das fruchtbare Harzvorland. Entlang des Harzrandes hat sich, ausgehend von den Verhüttungsplätzen der Harzer Erze, bei den Bergfußorten in den ausgehenden Tälern eine bandartige Industrieansiedlung entwickelt. Die Grenze zur DDR verläuft am Fuße des höchsten Berges, dem Brokken entlang, etwa auf der Wasserscheide Elbe/Weser (Oker–Leine/Unstrut–Bode). Die vom Harz ausgehenden Mulden der Flüsse werden durch Bergrücken in kleinere Naturräume abgeteilt. Es sind im Uhrzeigersinn der Heber, der Hainberg, der Salzgittersche Höhenzug und der Schimmerwald.

Die geologische Vielfalt des Untergrundes veranlaßte einst den großen Naturforscher Alexander von Humboldt, dieses Gebiet zur „klassischen geologischen Quadratmeile der Erde“ zu erklären, weil sich hier eine lückenlose Schichtenfolge vom Erdaltertum bis zu den jüngsten Ablagerungsschichten findet. Der Geologie verdankt das Gebiet auch die reichen Bodenschätze, die wiederum zur Bildung von Ansiedlungen und von historischen Entwicklungen beigetragen haben. Die fruchtbaren Lößinseln waren schließlich seit vorgeschichtlicher Zeit die Nahrungsgrundlage der Bevölkerung.

In unserem Raum kreuzten sich seit grauer Vorzeit die bedeutendsten Völkertrassen Mitteleuropas. Bevor es Straßen im heutigen Sinne gab, bevorzugte der Verkehr die Anhöhen und vermied die meist sumpfigen Niederungen und ähnliche Hindernisse. Die

Schwelle der Mittelgebirge war so eine ideale Naturstraße, auf der der Helweg von West nach Ost, vom Frankenland zum Slawenland verlief. Von Nord nach Süd war es nördlich des Harzes die von Skandinavien kommende Salzstraße, die sich südlich des Harzes aufgliederte, um über den Rennstieg zum Balkan, über des Reiches Straße nach Nürnberg oder Frankfurt weiter nach Italien zu führen. Der Kreuzungsbereich des Harzes wurde so zu einem Kernland des „Heiligen Römischen Reiches Deutscher Nation" und umstrittenes Herrschaftsgebiet mit vielen Pfalzen, Residenzen und Burgen.

Der Harz war aber auch als Reichsforst und Bannwald eine Trennlinie zwischen den Völkerschaften: den Sachsen, Ostfalen und Thüringern. Seitdem im 16. Jahrhundert der Oberharzer Bergbau florierte, kamen noch die Oberdeutschen hinzu, die die Bergstädte begründeten und besiedelten. Den Volkstumsgrenzen schlossen sich die territorialen Aufgliederungen an. Das waren die Bistümer Hildesheim, Halberstadt und Mainz, zugleich als Fürstentümer, sowie die verschiedenen Linien des Herzogtums Braunschweig als Nachfolger im Reichsgut und Erbe mehrerer Grafengeschlechter. Als Freie Reichs- und Hansestadt lag Goslar mitten in dem Gebiet.

Mit den napoleonischen Kriegen begann eine fortwährende Tendenz, durch Zusammenschlüsse größere Verwaltungseinheiten zu schaffen. Es waren kriegerische, verordnete und freiwillige Ereignisse, die aus den historischen Ämtern in einem Rhythmus von etwa 20 Jahren immer neue Hoheitsgebiete formten. So ist seit 1977 der jetzige Landkreis Goslar durch die Angliederung anderer Verwaltungseinheiten der ehemaligen Kreise Wolfenbüttel, Clausthal und Zellerfeld, Blankenburg und Gandersheim entstanden.

Offenbar haben natürliche, politische und wirtschaftliche Grenzen nicht nur eine hemmende, sondern auch eine gegenseitig befruchtende Tendenz. Zeiten der Abgeschiedenheit folgen immer wieder solche einer Hochblüte. Machtzentren zerfallen und bilden sich neu. Hochkulturen und Armutszeiten wechseln sich ab. Es ist interessant, solchen Erscheinungen in einer deutschen Kernlandschaft einmal auf der kleinsten Ebene, den Ortschaften, nachzugehen. Hier ist Geschichte und deren Bedeutungswandel an sichtbaren, begreifbaren Zeugnissen nachzuvollziehen. Man kann auf den Spuren der Salier- und Hohenstauferkaiser, der großen Herzogs- und Bischofsgestalten des Mittelalters, aber auch auf denen des niederen Adels, des Bürgertums und des Rechtswesens wandeln, schauen und eine Brücke zwischen der Vergangenheit und der Gegenwart suchen.

Welche deutsche Kulturlandschaft hat noch eine solche Fülle von Zeugnissen einer großen Geschichte zu bieten? Der Landkreis Goslar war und ist ein Beispiel für den beständigen Wechsel in Macht und Schicksal sowie heute in Verbindung zwischen Vergangenheit und Gegenwart, die in die Zukunft weist.

STADT GOSLAR

In Goslar berichten nicht nur Urkunden von einer großen geschichtlichen Vergangenheit. Viele Bauten und Kunstdenkmäler halten Erinnerungen wach und geben der Stadt das Gepräge.
Vom 10. bis zum 13. Jahrhundert war die Pfalz Goslar ein Mittelpunkt des Reiches. Um 1050 großzügig neu angelegt, kam sie den Idealvorstellungen einer kaiserlichen Repräsentation sehr nahe. Die Hauptgebäude waren um einen weiträumigen Platz angeordnet. Auf einem Geländerücken standen an der Westseite der Saalbau, daneben die Wohngemächer des Kaisers mit den Pfalzkapellen, an der Nord- und Südseite die Kurien der ritterlichen Ministerialen und gegenüber diesem weltlichen Machtbereich an der Ostseite des „Kaiserbleeks" der mächtige Bau des Domstiftes als eine Art geistlichen Zentrums. Der weitere Raum des Pfalzbezirkes war ausgefüllt mit Kurien der Domherren und der Adelsfamilien, mit Unterkunfts- und Versorgungseinrichtungen sowie mit Hospitälern. Erst im hohen Mittelalter wurde eine Stadtbefestigung errichtet, die die Pfalz mit umfaßte, die alte Bergmannssiedlung am Rammelsberg jedoch ausgeschlossen hat. Von den zentralen Gebäuden stehen heute noch der *Reichssaal* mit der *Pfalzkapelle St. Ulrich* und von dem 1050 geweihten und 1819 abgebrochenen Dom im Blickpunkt des Hohen Weges die etwa 100 Jahre jüngere *Vorhalle*. Der Pfalzbezirk mit den Parkmöglichkeiten auf dem Domplatz ist ein geeigneter Beginn für Rundwanderungen durch die Altstadt.
Der im Jahre 1050 errichtete *Saalbau* der Pfalz wurde im 12. Jahrhundert in die Gestalt gebracht, die trotz umfangreicher Restaurierungen im 19. Jahrhundert erhalten geblieben ist. Der große Saal im Obergeschoß, dessen Fenster nicht verglast waren, diente der Repräsentation. Der Saalbau im Erdgeschoß ist erst in gotischer Zeit eingewölbt worden.
Mit einer Warmluftheizung versehen, war er der eigentliche Versammlungsraum bei den meist im Winter durchgeführten Reichstagen. Als Zugang zu beiden Sälen diente seit der Zeit um 1220 der Treppenvorbau mit den schönen Steinmetzarbeiten an der linken (südlichen) Seite. Die Wohngemächer des Kaisers lagen rechts und links des Saalbaues. Sie sind durchgreifend verändert worden, bzw. nur noch als Ruinen hinter dem Gebäude zu sehen.

Krieg
Goslar/Kaiserpfalz.

Die im 11. Jahrhundert erbaute *Pfalzkapelle St. Ulrich* hat die typische achteckige Grundform. Eine große Deckenöffnung verbindet das Untergeschoß, in dem die Gottesdienste stattfanden, mit dem Obergeschoß, auf dessen Umgang der Kaiser seinen Platz hatte. In einem steinernen Sarkophag unter der im 13. Jahrhundert gefertigten Platte mit dem Bild Kaiser Heinrichs III. ruht das Herz dieses bedeutenden Saliers. Vor seinem Tode 1056 hatte der Kaiser verfügt, daß sein Herz in Goslar bleiben solle, weil es hier so gern verweilt habe. Der Leichnam wurde nach Speyer gebracht.
Die Renovierungen des 19. Jahrhunderts haben insbesondere die Mitte des Saalbaues verändert. Der Saal wurde 1879–97 von Wislicenus mit Bildfolgen zur deutschen Geschichte ausgemalt. Die im Jahre 1900 vor der Front des Kaiserhauses aufgestellten Reiterstandbilder der Kaiser Barbarossa und Wilhelm I. stammen von Toberentz bzw. von Schott.
In der Fassade der in der zweiten Hälfte des 12. Jahrhunderts erbauten *Domvorhalle* spiegelt sich die Vorstellung vom Weltbild des Mittelalters. Über dem Portal, das nicht nur als Tür, sondern auch als Ort weltlicher Handlungen diente, stehen auf einer Sockelleiste nebeneinander die Schutzpatrone Simon, Judas und Matthias, rechts und links außen ferner die Kaiser Heinrich III. mit dem Modell des von ihm gestifteten Domes und evtl. Heinrich IV. mit einem Modell des Pfalzbezirkes. Die gleichrangige Darstellung der Kaiser neben den Heiligen ist bezeichnend für das Gottesgnadentum der Kaiserherrschaft. Über diesen Figuren ist im „Himmel des Himmels“ die Gottesmutter als Himmelskönigin angebracht. Diese Stuckfiguren gehören zu den bedeutendsten Arbeiten ihrer Zeit. Die Steinmetzarbeiten sind gute Werke lombardisch geschulter Meister.
Ein sichtbares Zeichen alter Kaiserherrlichkeit ist der Thronsessel, der innerhalb einer steinernen Schranke in der Domvorhalle steht. Die Bronzelehnen wurden im letzten Viertel des 11. Jahrhunderts gegossen. Die in die steinernen Kassetten der Schranken eingesetzten Reliefs sind in ihrer symbolischen Bedeutung eine Wiederholung der Macht und Tätigkeit der Kaiser. Seit der Zeit um 1200 hat der „Kaiserstuhl“ in dieser Form im Dom vor dem Lettner neben dem Altar gestanden.
Die Domvorhalle enthält von den alten Ausstattungsstücken, die nach dem Verkauf und Abbruch des Domes erhalten geblieben sind,

insbesondere die steinernen Teile. Die empfindlicheren Textilien, Glas- und Tafelmalereien, der sagenumwobene „Krodoaltar“ sowie die Holzbildwerke sind heute im Museum ausgestellt.

Zum Pfalzbezirk ist schließlich noch der Hohe Weg mit *Großes Heiliges Kreuz* und mit Bauten in dessen unmittelbarer Umgebung zu rechnen. Das Große Heilige Kreuz dient seit der Erbauung einem sozialen Zweck. Es ist ein Heim für alte und alleinstehende Bürger und Bürgerinnen Goslars. Zwischen der Toreinfahrt links und dem Mauervorsprung in der Front ist noch die steinerne Kemenate einer Kurie erhalten, die bei der Gründung der bürgerlichen Pflegeeinrichtung im Pfalzbezirk 1254 den Grundstock bildete. Mit der großen Diele ist die ursprüngliche Anlage weitgehend erhalten geblieben. Gegenüber diesem Großen Heiligen Kreuz lag die Niederlassung der Deutschordensritter in Goslar. An der Königsbrücke ist davon die kleine *romanische Kapelle St. Spiritus* und das mit Schnitzereien versehene Wohngebäude von 1553 erhalten geblieben.

Mitten auf dem Marktplatz steht ein Brunnen. Er stand vermutlich einst im Pfalzbezirk. Nach dem Ende der Kaiserzeit holten ihn sich die Bürger als Rechtssymbol auf den Platz. Der bronzene *Dreischalenbrunnen* ist ein Meisterwerk der Glockengießer des ausgehenden 12. Jahrhunderts. Der Bildschmuck zeigt Motive aus der Jonas-Legende. Als Bekrönung dient seit etwa 1220 der Adler der Hohenstauferkaiser. Mit der Verleihung des Heerschildrechtes (1340) durfte die Stadt Goslar den Reichsadler im Wappen führen.

Das spätgotische *Rathaus* (15. Jahrhundert) enthält in 3 Räumen übereinander den Ratsweinkeller, die Markthalle hinter den Arkaden und die Diele im Obergeschoß als Festsaal der Stadt. In rückwärtigen Anbauten befinden sich die Kanzlei mit dem Münzkabinett, der Huldigungssaal mit seiner mittelalterlichen Ausmalung und der alte Gerichtsraum. Auf dem Marktplatz steht rechts vor der Front des Rathauses der Pranger mit einer Kopie der romanischen Elle, dem Rechtsmaß der Stadt. Die Freitreppe des Rathauses wurde 1537 angebaut. Dabei fand ein romanisches Relief Wiederverwendung, auf dem ein Affe den Besuchern einen Spiegel vorhält. Der rückwärtige Anbau des Rathauses mit der Marienfigur über dem Portal war einst das Gebeinhaus der benachbarten Marktkirche, deren Türme hinter dem Rathaus aufragen.

Die Südseite des Marktplatzes begrenzt das 1494 erbaute Gildehaus der Fernhandelskaufleute, die *„Worth"*. Unter den barocken Kaiserfiguren an der Fassade befinden sich interessante Bildkonsolen, darunter an der Ecke zur Worthstraße unter der Göttin der Fruchtbarkeit das „Dukatenmännchen".

Von den romanischen Kirchen besitzt die unmittelbar südlich des Rathauses sich anschließende *Marktkirche St. Cosmas und Damian* mit 66 m bis zum Knauf die höchste Turmfront bei den Goslarer Kirchen. Nach dem Vorbild des Domes erbaut, erhielt die Kirche gegen Ende des Mittelalters ein viertes und fünftes Seitenschiff sowie einen neuen Chor. Im Inneren sind die romanischen Glasfenster mit Darstellungen aus der Leidensgeschichte der Schutzpatrone, eine Bronzetaufe von 1573, die Kanzel von 1581 und der Hauptaltar von 1659 besonders beachtenswert. Wenige hundert Meter nördlich des Marktplatzes befindet sich die 1186 geweihte romanische *Kirche Neuwerk* des gleichnamigen ehemaligen Nonnenklosters am Rosentor. Diese Kirche steht seit der Einwölbung zu Beginn des 13. Jahrhunderts unverändert und dient heute als Pfarrkirche. Außen am Chor und an den Innenkapitellen sind die Einflüsse der lombardischen Steinmetze zu verspüren. Auf dem Spruchband einer Engelsfigur im Mittelschiff nennt sich der Baumeister Wilhelmus. Einmalig in der deutschen Kunstgeschichte sind die eigenartigen Ösen an den Diensten der Mittelschiffsäulen. Gut erhaltene romanische Fresken schmücken den Chorraum. Der ehemalige Lettner mit schönen Stuckfiguren des 13. Jahrhunderts dient jetzt als Orgelempore.

Die im Stadtteil Frankenberg gelegene *Frankenberger Kirche* mit ihren romanischen Wandmalereien und barocken Ausstattungsstücken ist sehenswert. An Stelle der beiden baufälligen Türme ist in der Barockzeit die Haube auf das Westwerk aufgesetzt worden. Um diese Kirche gruppieren sich malerisch die Pfarre, das Hospital Kleines Heiliges Kreuz, das Küsterhaus und das Kloster Frankenberg. Die Pfarrkirche St. Jakobi besitzt in der Turmfront von etwa 1070 zwar den ältesten Bauteil einer Stadtkirche, sie ist aber häufig umgebaut worden. So ist der Chor frühgotisch, und die Seitenschiffe sind spätgotisch. Die schöne Kanzel, das Bronzetaufbecken und die älteste Orgel der Stadt stammen aus der Renaissancezeit. Die barocke Einrichtung wurde aus der Klosterkirche Riechenberg vor deren Abbruch übernommen. In dieser Kirche wurde 1527 für die erste Gemeinde in Goslar die Reformation eingeführt, seit 1804 ist sie die katholische Gemeindekirche der Altstadt. Innen sind Reste der mittelalterlichen Ausmalung, außen mehrere romanische Reliefs erhalten.

Einem Brand, der 1728 die Unterstadt vernichtet hat, fiel auch die Pfarrkirche St. Stephani zum Opfer. Der von dem Baumeister Daniel Köppel entworfene Neubau mit dem hohen, von einer Laterne bekrönten Westturm wurde 1732 eingeweiht. Es ist eine dreischiffige Hallenkirche mit einer Orgel- und einer Nordempore.

Jede Pfarrgemeinde besaß im Mittelalter ein Hospital. Das von St. Stephani ist das malerische St. Annenhaus. Im Jahre 1488 stiftete zu dessen Anlage eine Patrizierfamilie ihr Fachwerkhaus mit einer romanischen Kemenate. Damals erhielt das Haus an der Ostseite einen massiven Choranbau. Die heutige Innenausstattung stammt aus der Barockzeit. Der Goslarer Bildschnitzer Lessen stiftete den Altar. Figuren aus mittelalterlichen Schreinen schmücken die Schranken, die die große Diele teilen.

Vor dem Breiten Tor steht das Siechenhaus, die Kranken- und Quarantänestation der Stadt, mit einer barocken Kapelle. Gegenüber an der anderen Talseite fällt ein aufragender Felsen auf. Er enthält die kleine, sagenumwobene Kluskapelle. Weitere Kirchen, Klöster und Kapellen der Stadt sind heute profaniert oder Ruinen. (Goslar besaß um 1500 47 derartige Bauten). In diesen Gotteshäusern befindet sich eine Vielzahl kunstvoller Ausstattungsstücke, Malereien und Schnitzwerke, Goldschmiedearbeiten und Textilien, von denen viele noch aus dem Mittelalter stammen. Neuwerk besitzt beispielsweise noch ein vollständiges romanisches Geläut aus fünf Glocken. Nur ein lebensgroßes Vesperbild, das um 1515 der Meister Hans Witten geschaffen hat, soll hier herausgestellt werden. Es ist eine Holzschnitzerei mit weitgehend erhaltener Originalfassung. Die Figur steht heute in einer kleinen Kapelle unter dem Nordturm der *Pfarrkirche St. Jakobi*.

In verschiedenen Teilen der heute noch gut erhaltenen Altstadt Goslars finden sich Bürgerhäuser von hohem kulturellen Rang. So gibt es im Marktbereich mehrere Gildehäuser. Sie dienten den Mitgliedern der Gilden im Erdgeschoß als Verkaufslokal. Ein großer Saal mit Bewirtung war für die Festlichkeiten und das gesellige Trei-

HARZ-GRILL
Kries.
88.
Goslar.

ben vorhanden. Außerdem gehörten Lager und Speicherräume zum regelmäßigen Bauprogramm. Am Zusammenschluß von Marktstraße und Bergstraße steht das *Bäckergildehaus*, 1501 erbaut. Es erhielt 1557 als Kornspeicher das mit reichen Schnitzereien versehene Fachwerkobergeschoß. An der Ecke Gosestraße/An der Abzucht steht das Gildehaus der Tuchmacher und Walker, genannt das „Runenhaus“, weil auf der Schwelle des Obergeschosses Handwerkszeichen eingeschnitzt sind. Das 1551 in der Nähe des Hospitals St. Annen erbaute Haus diente zum Walken (Kneten) der feuchten Wollstoffe, zur Verfilzung und zum Färben der Gewebe, außerdem enthielt es Räume für die Geselligkeit. Weitere Gildehäuser sind die *der Schuhmacher am Schuhhof* (1780) und *der Münzer in der Münzstraße* (um 1500).

Die ältesten *Bürgerhäuser* sind *steinerne Wohntürme* der Patrizier, die Kemenaten. Ihr Bestand reicht bis in die Zeit um 1200 zurück. Seit dem ausgehenden 15. Jahrhundert sind noch eine Vielzahl von Bürgerhäusern aus *Fachwerk* erhalten. Mit den farbigen Schnitzereien und mit Inschriften, die den festen Glauben der Bauherren, aber auch viel spöttischen Humor widerspiegeln, geben sie der Stadt das Gepräge.

Ein besonders schönes Beispiel für Fachwerkhäuser ist das *„Brusttuch“*, 1521 auf einem fast dreieckigen Grundriß von dem Magister Tilling erbaut und 1526 mit dem reich verzierten Fachwerkobergeschoß versehen. Es dient heute als Hotel. Die Schnitzereien schildern die Bedeutung der antiken Gottheiten in der Alchimie und Astrologie. Auf der vierten Knagge an der Längsseite links oben befindet sich die „Butterhanne“.

Links vom Bäckergildehaus führt die Bergstraße durch einen interessanten Altstadtbereich mit wertvollen Fachwerkhäusern zum ehemaligen Klaustor mit der benachbarten romanischen Klauskapelle. Die hohen Schieferdächer bezeugen die Nutzung der Schiefervorkommen um Goslar als feuersicheres Dachdeckungsmaterial.

In diesem Stadtteil befindet sich das *Siemenshaus* (Schreiberstraße). Es ist bis heute Eigentum des Familienverbandes Siemens. Es zeigt den für die Barockzeit typischen Fachwerkschmuck einer vielfach profilierten und verkröpften Geschoßzone. Das Haus besitzt einen langen Seitenflügel entlang der Bergstraße, in dem Speicherräume dieser reichen Kaufmannsfamilie und das Brauhaus untergebracht

sind. Hier wurde – wie in weiteren rund 360 Brauhäusern in der Stadt – das einst beliebte Gosebier hergestellt. Das Innere des gut erhaltenen Gebäudes und der malerische Hof sind sehenswert.
Von den bedeutenden Geschlechtern, die einst in Goslar ansässig waren und von denen noch Häuser erhalten sind, seien hier nur einige erwähnt: das Haus des Geschlechtes Bethmann (-Holweg) in der Glockengießerstraße (aus dem Jahr 1567), das Haus des Geschlechtes Cramer von Clausbruch in der Okertalstraße, das Haus Karsten Balders in der Schreiberstraße (aus dem Jahr 1518), die Häuser des Geschlechtes von Schwiecheldt in der Königstraße (aus dem Jahr 1566) und in der Schwiecheldtstraße (aus dem Jahr 1577) und das Haus des Geschlechtes von Fabricius im Hohen Weg (aus dem Jahr 1773).
Die recht häufigen Hausinschriften sind Bibelzitate oder deftige Lebensweisheiten. Es macht Freude, sie zu entziffern. Die Schnitzereien sind nicht nur Schmuck, sie haben oft auch eine symbolische Bedeutung.
Das *Breite Tor* läßt noch am besten die ehemalige Festungsarchitektur Goslars erkennen. Im Verlauf der Stadtmauer steht das innere Tor mit der Kaiserfigur über der Durchfahrt. Davor lagen ein Graben, ein Wall, ein zweiter Graben und die Feldmauer, durch die ein äußeres Tor führte. Von dieser Außenanlage sind hier nur noch die um 1500 erbauten Zwinger und die Tor-Kaserne erhalten.
Die Flüchtlingsbewegung der Nachkriegszeit brachte der Stadt Goslar einen großen Bevölkerungszuwachs. Nach der Baulückenschließung, beispielsweise in der *Sudmerbergsiedlung*, wurde die Erschließung großer Neubaugebiete notwendig. Bemerkenswert war darunter die Bebauung und damit „Entmilitarisierung" des Flughafen-Rollfeldes von *Jürgenohl* und *Kramerswinkel.* Im Norden Goslars entstand so seit 1948 eine neue Stadt. Ein weiteres Baugebiet, die Aufsiedlung des Klostergutes *Ohlhof* von Neuwerk, ist bis jetzt nicht abgeschlossen. Im Gutsbezirk steht noch ein staatliches, barockes Pächterhaus, und ein Hudewald als Rest des alten Ohl-Waldes umfaßt das Gehöft.
Auf den Gemarkungen von Riechenberg und Grauhof entwickelte sich ein großes Gewerbe- und Industriegebiet: *Baßgeige.* Hier befinden sich auch ein modernes Schulzentrum, Verwaltungs- und Sportanlagen.

Riechenberg

Von den 47 Kirchen, Klöstern und Kapellen, die Goslar um 1500 besessen hat, sind noch mehr als die Hälfte erhalten. Manche sind allerdings seit der Reformationszeit zu Wohnhäusern ausgebaut. Von den Kämpfen der Stadt mit den Braunschweiger Herzögen berichten die Ruinen der 1527 zerstörten Klöster vor den Toren Goslars. Eine weitere Welle der Zerstörungen und Abbrüche folgte der Säkularisation nach 1802.
Eine besonders stattliche Ruine blieb damals das Augustiner Chorherrenstift Riechenberg im Norden vor der Stadt. Die Krypta mit ihren reich geschmückten Säulen und Kapitellen ist ein prächtiges Beispiel für die romanische Baukunst im südlichen Niedersachsen. Hier waren im 12. Jahrhundert langobardische Steinmetze am Werk. Ausstattungsstücke aus der Klosterkirche gelangten vor dem Abbruch nach Goslar in die katholische Pfarrkirche St. Jakobi.

Grauhof

Nach der Zerstörung ihres dem Aachener Münster nachgebildeten Klosters auf dem Georgenberge vor Goslar zogen die Augustiner Chorherren auf ihren Wirtschaftshof. Dieser war nach der Kleidung der Mönche Grauhof genannt. Zunächst nur einfach untergebracht, fanden sie um 1700 die Wirtschaftskraft, hier durch den oberitalienischen Baumeister Franz Mitta eine großartige barocke Klosteranlage erbauen zu lassen.
Ganz besonders eindrucksvoll ist die Ausstattung der nach außen schlichten Kirche. Marmoraltäre, Holzschnitzereien mit reicher Vergoldung und Stuckarbeiten geben dem Gotteshaus das Gepräge. Hier findet sich eine der größten Barockorgeln Niedersachsens, erbaut 1734 von Christoph Treutmann aus Magdeburg. Das Chorgestühl ist mit emblematischen Bildmedaillons über die Regeln der Augustiner und deren Wirken geschmückt. Die Klosteranlage ist heute ein katholisches Familienerholungsheim, das Gut wird von der Klosterkammer Hannover bewirtschaftet.

Oker

Gründung und Schicksal des heutigen Ortsteiles von Goslar sind eng mit dem Rammelsberg verbunden. Das dort gewonnene Erz wurde hier seit dem Mittelalter verhüttet. Die Oker, nach dem der Ort seinen Namen bekam, und die hier einmündenden Bäche, an erster Stelle die von Goslar kommende Abzucht, lieferten die notwendige Kraft zum Betrieb der Blasebälge. Diese Hütten waren kleine Anlagen und immer nur kurzfristig in Betrieb. Ein älterer, als kaiserlicher Forsthof bedeutsamer Ort, die Sudburg mit der Galgheit als Gerichtsstelle, war schon im Mittelalter vergangen, nachdem ihm die Kaiserpfalz Goslar den Rang abgelaufen hatte.

Die Kämpfe der Stadt Goslar gegen die Braunschweiger Herzöge im 16. Jh. hatten auch wirtschaftliche Folgen. Um nach dem Erwerb des Bergwerkes die Verhüttungsanlagen in die Hand zu bekommen, bediente sich Herzog Julius einer betriebswirtschaftlichen Änderung. Mußten bisher die Hütten dorthin wandern, wo ausreichend Brennholz zur Verfügung stand, baute er Hüttenstellen dort aus, wo die Flüsse den Harz verlassen. Hier wurden im Flußlauf Rechen erstellt, die das herabgeflößte Holz auffingen, das dann in Kohlenmeilern neben den Öfen weiterverarbeitet werden konnte. Stauanlagen am Oberlauf der Flüsse halfen den Flößern bei Niedrigwasser. Dauerhaft errichtet, konnten sich die Hütten besser entwickeln. Staatliche Hilfen ließen sie aufblühen und die alten, von Goslarer Patriziern im Harz und im weiten Umkreis betriebenen, verkümmern und vergehen. Dem Anfang in Oker folgten rasch weitere Hüttenorte wie Langelsheim und Juliushütte in Goslars Nachbarschaft.

Allerdings war die zur Ortsgründung verfügbare Fläche sehr klein. Dem Wohnplatz Oberoker folgten auf einem schmalen Grundstück talauswärts rechts der Oker die Hüttenstellen. Unter der Raumnot hat Oker bis zur Eingemeindung nach Goslar, 1972, immer gelitten. Ländergrenzen führten durch Wohnhäuser, Fabriken und Gaststätten, fast alle öffentlichen Gebäude lagen auf fremden Territorien. Unter der drangvollen Enge des Industriestandortes litten auch die Wohnverhältnisse. Mit dem Ende des Bergbaues im Rammelsberg ist in unseren Tagen auch das Schicksal der Hütten verbunden, und es ist abzuwarten, welche Entwicklung die restliche oder eine künftige

Oker
Kries
88

Hahndorf.
Krieg

Die hier tätigen Beamten siedelten sich in Hahndorf an. Mehr als ein Drittel der Bevölkerung war bis in unsere Zeit Bahnbedienstete. Kein Wunder, daß der Ort den Spitznamen „Bahnhüpperdörp" erhielt! Nach dem letzten Krieg erlebten alle Orte am Harzrand einen erheblichen Bevölkerungszuwachs. Günstige Baulandpreise für Grundstücke in schöner Lage verlockten zur Ansiedlung. So entstand auch hier am Hang des Försterberges ein Neubauviertel mit Blick auf die Harzberge. Am ehemaligen Bahnhof liegt ein kleines Industriegebiet mit dem Grauhofbrunnen als wichtigstem Betrieb.
An der Straße nach Immenrode wurde in der Nachkriegszeit die *Kleinsthofsiedlung* errichtet, in der vertriebene Bauern eine neue Heimstatt finden sollten.

Jerstedt

Der Ortsname mit der „stedt"-Endung läßt darauf schließen, daß das Dorf in der Völkerwanderungszeit begründet wurde. Vorgeschichtsfunde reichen jedoch weiter zurück. Vielleicht hat die Abzweigung der uralten Straßensituation, von Seesen kommend einerseits nach Halberstadt, andererseits nach Werla, als Schräge – Gehrung – Gerstedte die erste Silbe bestimmt. In den Urkunden taucht Jerstedt erstmals 1047 in der Stiftungsurkunde Kaiser Heinrichs III. für den Goslarer Dom auf. Damals lag der Ort im Densigau mit dessen Mutterkirche in Haringen.
Demnach war Jerstedt ein bedeutendes königliches Gut. Trotz der schlechten Wasserversorgung, der Dorfbach war durch Zuflüsse oft verschmutzt, bestand hier zu allen Zeiten eine große Ansiedlung mit ungewöhnlich vielen Hofstellen (1525 = 21). Ungewöhnlich war auch ein Waldbesitz am Harz im Gemeineigentum der „Erbexen", der sich vermutlich aus einem königlichen Wildpark ergeben hatte. Dieser Anteil am Harzwald, der sich trotz mancher Änderungen bis heute erhalten hat, führte dazu, daß die Jerstedter im Volksmunde als „Dannäppelbiurn" (= Tannenapfelbauern) bezeichnet werden. Der bäuerliche Besitz geriet im Verlauf des Mittelalters in die Zehntabhängigkeit weiterer Goslarer Klöster: Riechenberg, Neuwerk, Grauhof und Frankenberg.
Den Eindruck des alten Dorfes bestimmen bis heute Fachwerkhäuser, deren älteste bis in die Zeit vor dem Dreißigjährigen Krieg

Jerstedt

zurückreichen und deren Entwicklung vom Streckhof zum Winkel- und Zweiseithof deutlich machen. Die Bundesstraße 6 begrenzt heute den alten Ort und trennt ein umfangreiches Neubaugebiet der Nachkriegszeit vor dem Hees davon ab.
Zu den schönsten Dorfkirchen im Lande zählt die Jerstedter. Etwa die Hälfte des Kirchenschiffes stammt noch aus romanischer Zeit, eine Erweiterung erfolgte 1506 nach Osten. Den Inneneindruck der Saalkirche bestimmt jedoch die Ausstattung der Barockzeit. Zuerst stifteten der Zellerfelder Zehntner, Andreas Vischer und dessen Frau Anna Clara v. Uslar, 1664 den Kanzelaltar. Vischer hatte damals den Gerichtshof und damit die niedere Gerichtsbarkeit in Jerstedt erworben. Ausgeführt wurden die Schnitzereien von dem Duderstädter Bildhauer Andreas Gröber, von dem ein Bericht 1985 bei den Renovierungsarbeiten, in einer Säule versteckt, gefunden wurde.
Die wachsende Bevölkerung machte dann den Einbau von Emporen notwendig, die den Raum allseitig und im Westen und Osten zweigeschossig umfassen. Überwölbt wird das Kirchenschiff von einer bemalten Brettertonne. Es ist ein Blick in den bewölkten Himmel, in dem viele Engel zwischen Sternen schweben. Sie halten Spruchbänder in den Händen, auf denen die Verse des von Luther neu gefaßten und übersetzten ambrosianischen Lobgesanges verzeichnet stehen. Zu den Seltenheiten gehören auch Glasbilder mit Schwarzlotzeichnungen aus der Barockzeit, durch die sich die Stifter in volkstümlichen Emblemata verewigt haben.

Hahnenklee-Bockswiese

Beide Orte gehören zu den Oberharzer Siedlungen, die dem Fund von Blei-, Kupfer- und Silbererzen ihre Entstehung verdanken. So wurde in Bockswiese 1561 auf den Spuren des alten Mannes (so bezeichnet man die Arbeiten des mittelalterlichen Bergmannes) der Bergbau wieder aufgenommen und bis 1932 betrieben. Hahnenklee war dagegen nur ein Viehhof und Wohnplatz weniger Hüttenleute. Der alte Mann hatte jedoch auch hier auf einigen Gängen Pingen angesetzt. Diese Gruben wurden mit wenig Erfolg von Herzog Julius wieder aufgenommen. Das änderte sich erst, als der auch sonst im Bergbau und Hüttenwesen tätige Hildesheimer Bischof Jobst

Edmund v. Brabeck 1695 die Grube Lilien übernahm und in St. Antonius umbenannte.
Einem raschen Ausbau mehrerer Gruben, einem Pochwerk und einer Hütte folgte bereits 1697 die Prägung eines St. Antoniustalers aus dem Silber seiner Werke. Bis 1701 folgten weitere Taler. Der Bischof wollte damit wohl auf eine erfolgreiche Ausbeute aufmerksam machen. Die Wirklichkeit war bescheidener. Nach seinem Tode 1702 folgte eine Periode der Unwirtschaftlichkeit, die gegen Ende des 18. Jh. zur Aufgabe der Gruben in Hahnenklee führte. In der armen Niederlassung wohnten fortan einige Wald- und Hüttenarbeiter sowie Bergleute, die in den Bockswieser Gruben beschäftigt waren.
Eine Änderung der ärmlichen Verhältnisse bahnte sich nach 1871 an. Damals bürgerte es sich ein, aus den Großstädten und Industrierevieren für einige Zeit in die „Sommerfrische" zu ziehen, wenn man sich dieses finanziell leisten konnte. Der Harz wurde so zu einem beliebten Ziel. Seitdem das Eisenbahnzeitalter angebrochen und Chausseen ausgebaut waren, hatte sich auch die Anreise verbessert und verkürzt. In vielen Orten im und am Harz vermieteten die Bewohner Zimmer an solche Sommergäste. 1882 war das Gründungsjahr für den heilklimatischen Kurort Hahnenklee, denn damals wurde ein Kurkomitee gebildet. In rascher Folge wurden seither Gaststätten, Hotels und Pensionen errichtet.
Noch lange blieben die Verkehrsverbindungen jedoch schlecht. Die einzige große Straße, die alte Harzchaussee, führte von Goslar über die Paßhöhe mit dem historischen Gasthof *Auerhahn* nach Clausthal-Zellerfeld, weit an Hahnenklee-Bockswiese vorbei. Erst 1884 wurde ein Abzweig am Fuße des Bocksberges angelegt, die heutige Straße von Lautenthal bis zum Anschluß an die Harzchaussee bei der modernen Hotel- und Ferienanlage *Kreuzeck* sogar erst 1910 ausgebaut. Unter dem Druck der Verhältnisse schlossen sich nach dem Ersten Weltkrieg die beiden benachbarten Orte zu einer Einheitsgemeinde zusammen.
Beide Orte besaßen bis zum Jahre 1908 keine Kirche. Die Bewohner waren nach Lautenthal eingepfarrt. Der Bevölkerungszuwachs und die vielen Kurgäste machten dann den Bau eines Gotteshauses notwendig. Nach den Plänen von Konsistorialrat Professor Karl Mohrmann aus Hannover wurde damals eine Kirche in nur 10 Monaten

Hahnenklee.
Krieg.

Bauzeit am Weg zwischen beiden Orten nach dem Vorbild norwegischer Stabkirchen erbaut. Ganz aus Holz errichtet und mit vielerlei symbolhaften Schnitzereien verziert, ist sie heute eine markante Sehenswürdigkeit und eine beliebte Hochzeitskirche. Erst 1950 erhielt Hahnenklee eine eigene Pfarrstelle. Für die katholischen Gäste wurde 1928 die Kapelle „Maria im Schnee“ erbaut und nach deren Abbruch 1974 die jetzige Marienkirche geweiht.
Aus den knapp 30 Häusern im Jahre 1882 ist heute ein Kurort geworden, der fast eine Million Gäste im Jahr beherbergen kann. Moderne Hotel-Großbauten prägen das Ortsbild, das von der Höhe des mit einer Seilbahn erreichbaren Bocksberges übersehen werden kann. In der Bergstation befindet sich ein „Edelsteinmuseum“, in dem Schmucksteine aus aller Welt ausgestellt sind. Auf dem kleinen Friedhof von Hahnenklee hat der Komponist Paul Linke seine letzte Ruhestätte gefunden.
Der Ortsteil Bockswiese hat noch viel von dem Charakter des alten Bergdorfes bewahrt. Die kleinen, holzverkleideten Häuser begleiten am Hang die große Talwiese. Hier erinnert ein großes Wasserrad vor dem Mundloch eines Stollens an den historischen Bergbau.

St. Antoniustaler des Hildesheimer Bischofs von 1698

STADT BAD HARZBURG

Unter den mehr als 500 Burgen des Harzes ist die Harzburg wohl die bedeutendste und trägt zu Recht den Namen des Berglandes. Kaiser Heinrich IV. ließ sie um 1065 zur Sicherung seiner Herrschaft und der Pfalz Goslar durch seinen Vicedominus, den späteren Bischof Benno von Osnabrück, errichten. Als Architekt schuf dieser einen neuen Burgentyp, der, auf steiler Höhe gelegen und umfangreich bebaut, auch als Residenz dienen konnte. Mit dieser Burg verbinden sich einige wichtige Abschnitte der deutschen Geschichte.

Hier belagerten die aufständischen Sachsen 1073 den Kaiser, der jedoch mit den Reichskleinodien nach Ostfranken entfliehen konnte. Ein Jahr später zerstörten die Sachsen die ihnen verhaßte Burg und lösten damit weitere Kämpfe aus. Nach dem Wiederaufbau wurde sie ein wichtiger Stützpunkt Barbarossas gegen Heinrich den Löwen. Noch einmal fiel das Licht der Geschichte auf die Burg, als 1218 hier der Welfenkaiser Otto IV. starb. Das weitere Schicksal entspricht im Mittelalter dem anderer Burgen unserer Landschaft: Pfand- und Lehnsbesitz vieler Herren, Streit und Geplänkel,

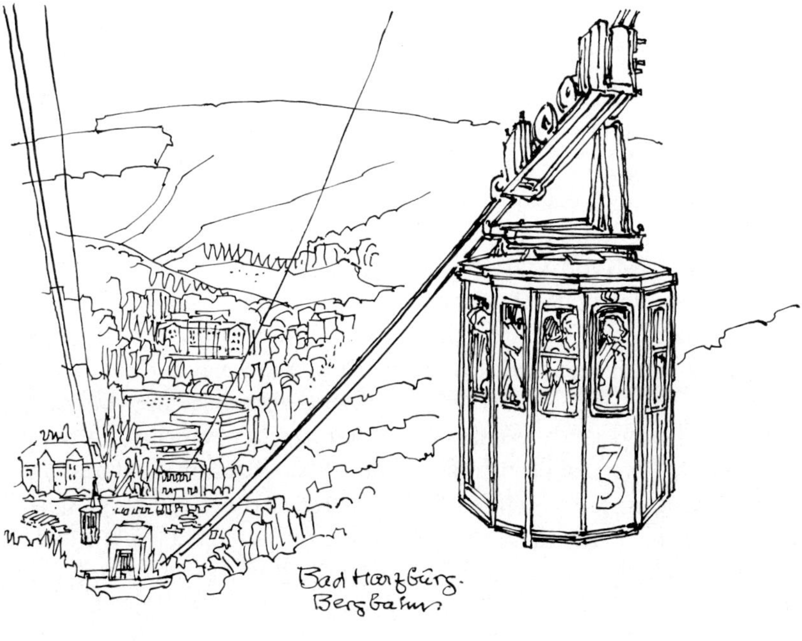

schließlich ab 1488 im Besitz der Braunschweiger Herzöge und Verwaltungssitz des Amtes. 1650/51 wurde die baufällige Burg abgebrochen.

Einen Ort mit Namen Harzburg gab es bis zum 19. Jahrhundert nicht. Im Schutz der Burg gab es einige Ansiedlungen wie *Schulenrode* im Krodotal und seit dem 16. Jahrhundert auch die *Neustadt* unter der Harzburg. Hier lag am Fuße des Burgberges eine Salzquelle, die Herzog Julius durch einen Brunnenschacht erschließen und zur Salzgewinnung Siedepfannen anlegen ließ. 1575 gelang es, reine Sole zu gewinnen und bis 1849 in der Saline Juliushall Salz zu erzeugen. Zur Erinnerung an den Fund der Sole wird noch immer das Bartholomäusfest (Salzfest) gefeiert.

Schon 1831 hatten der Administrator der Saline, Hartmann, und Dr. Stern ein Solbad eingerichtet. Durch eine Abhandlung des Arztes über die Heilkraft der Bäder wurde es bekannt, zog Erholungsuchende an und erlangte Weltruf. 1892 erhielt der sich rasch entwickelnde Ort den Namen „Bad Harzburg" und 1894 Stadtrechte. Die Entwicklung wurde dadurch gefördert, daß der Legationsrat August von Amsberg den Herzog Karl Wilhelm Ferdinand bewegen konnte, eine Eisenbahnlinie von Braunschweig zum Harz zu bauen. Es wurde die erste Staatsbahn Deutschlands, die 1838 den ersten Abschnitt bis Wolfenbüttel und 1840 bis Harzburg befahren konnte. Allerdings waren damals die Lokomotiven noch nicht stark genug. Deshalb mußten von Vienenburg bis Harzburg in den ersten Jahren noch Pferde vorgespannt werden.

Die Eisenbahnverwaltung baute sogar 1842 die Anlage Unter den Eichen aus, v. Amsberg und der Herzog waren auch die Initiatoren zur Errichtung von Gaststätten 1846 auf dem Burgberg, 1859 des Radauwasserfalls. 1859 wurde der erste Badekommissar, heute würde man ihn mit Kurdirektor bezeichnen, eingesetzt. Die 1850 erbaute Herzog-Wilhelm-Straße verbindet bis heute den Bahnhof und die Kuranlagen und wurde so zur Hauptachse einer Bebauung mit Hotel- und Pensionshäusern. Villen reicher Rentner füllten die Ränder des Radautales. Eine schon 1887 geplante Seilbahn zum Burgberg konnte schließlich 1929 erbaut werden und trägt seither anstelle von Eseln die Besucher unfallfrei auf die Höhe mit dem weiten Blick hinaus in das Harzvorland. 1903 entstand die Lutherkirche.

Bad Harzburg.
Kries

14./15. Jahrhundert Glashütten gegeben hat, die um 1500 wegen der mit dem Betrieb verbundenen Waldzerstörung die Arbeiten einstellen mußten. Außerdem wurde das Holz dringend zur Verhüttung der Blei-Kupfererze benötigt, deren Lager im Oberharz im 16. Jahrhundert neu erschlossen wurden.
Die Kirche war ursprünglich ein Filial von St. Andreas in Bündheim und gehörte damit ebenfalls dem Kloster Ilsenburg. Im 16. Jahrhundert wurde sie Harlingerode zugeschlagen. Die heutige Fachwerkkirche mit dem achtseitigen, mit einem Zwiebeldach versehenen Dachreiter wurde erst nach den Zerstörungen im Dreißigjährigen Krieg gegen Ende des 17. Jahrhunderts neu erbaut. Sie besitzt einen reich geschnitzten Barock-Altar aus der Werkstatt des Goslarer Meisters Lessen.
Während des Dreißigjährigen Krieges wurden Schlewecke und Harlingerode vollständig abgebrannt. Hier hatte Christian von Braunschweig, der „tolle" Bischof von Halberstadt, im November 1625 mit seiner Reiterei versucht, Wallensteins Kriegsvolk zurückzuschlagen. In der Folgezeit entwickelte sich aus dem Widerstand der Bevölkerung der Kleinkrieg der „Harzschützen". Dies führte 1626 zu einer Strafexpedition Wallensteins unter dem Befehl des Oberst-Wachtmeisters von Bodendiek. 1626 wurden so alle Dörfer des Amtes Harzburg planmäßig zerstört und die Bewohner, die sich nicht in die Bergwälder flüchten konnten, getötet. Es war wohl der schwerste Verlust in diesem schlimmen Krieg, den eine Landschaft betraf. Alle Gebäude waren zerstört und etwa ⅘ der Bevölkerung, vom Greis bis zum Säugling, getötet. Nur die Harzburg konnte nicht erobert werden und gab einigen Familien Schutz.

Bettingerode

Im Bereich des ehemaligen Amtes und der heutigen Stadt Harzburg ist der Siedlungsgang im und am Harz gut nachzuweisen. Bis in die Zeit um 1000 gab es hier offenbar nur zwei Orte: Bündheim und Schlewecke. Danach setzte eine umfassende Rodetätigkeit ein, durch die der Wald in Bauernland umgewandelt wurde. Die Waldbesitzer erhielten dafür den Rodezehnten und die so entstandenen neuen Dörfer die Endsilbe -rode. Nicht weniger als 20 „rode"-Orte nennt ein Verzeichnis der Amtsdörfer, und alle weiteren zur heutigen Stadt

Bettingerode.

Bad Harzburg gehörenden Ortsteile haben die Namensendung -rode.

Allzuoft war die Erschließung von Neuland wenig erfolgreich. Die Bodenqualität war unzureichend oder verlor bald ihre Fruchtbarkeit. Schließlich war eine Düngung damals noch unbekannt. Von den 20 bekannten Orten wurden 14 überwiegend noch im Mittelalter wieder zur Wüstung. Einige der alten Gemarkungen sind durch die Neubautätigkeit wieder besiedelt worden, wie beispielsweise Schulenrode in Harzburg. Wie hier in Bettingerode stammt der erste Teil des Namens von demjenigen, der die Rodung betrieben hat. Es war ein Betto, dessen Familienname zum Beispiel um 1100 bei einem Domherrn in Halberstadt auftritt.

Wie in vielen anderen Fällen wird Bettingerode erstmals im Güterverzeichnis des Klosters Heinigen 1013 erwähnt. Nicht sicher ist eine Nachricht in einer Halberstädter Urkunde von 1018. Der Scholaster des Stiftes, Thetmarus, war derjenige, der seine Ländereien verschenkte. Weiteren Besitz hatten im Ort das Kloster Stötterlingenburg und die Grafen von Wernigerode. Die Grafen verlehnten unter anderem das Kirchenpatronat 1407 an die Herren von Schwiecheldt, die es bis in die Neuzeit behielten.

Die 1311 erstmals erwähnte Kapelle dürfte nach dem baulichen Befund noch Mauerreste aus dem 12. Jahrhundert besitzen. Die Saalkirche erhielt nach den Zerstörungen im Dreißigjährigen Krieg 1669 einen neuen Chor und wurde auch sonst stark verändert. Der kleine Turm wächst nur wenig an der Westseite aus der Dachfläche empor und markiert sich mit einer schlanken Spitze im Dorfbild. Die aus dem Turmdach heraushängende Schlagglocke der Uhr stammte noch aus dem 12. Jahrhundert. Sie mußte 1943 abgegeben werden.

Im Gegensatz zu den industriell geprägten oder von Neubauten überwucherten Dörfern am Harzrand liegt dieses im welligen Vorland und hat den bäuerlichen Charakter noch weitgehend erhalten. Einige schöne Fachwerkhöfe aus dem 18. und 19. Jahrhundert säumen die Dorfstraßen. Durch die nahe Grenze zur DDR ist der Ort heute etwas ins Abseits geraten – vielleicht zu seinen Gunsten, wenn man die unverbaute weite Landschaft betrachtet.

Zwischen Bettingerode und Westerode liegt das heutige *Gut Radau.* Der 1484 erstmals erwähnte Schäferhof wurde von Herzog Julius im 16. Jahrhundert in ein Amtsvorwerk des Wirtschaftshofes der Harzburg umgewandelt. Dazu gehörte die Radau-Mühle. Als 1860 die Domäne Harzburg aufgelöst wurde, erwarb der Bremer Konsul und Reeder H. H. Meier dieses Vorwerk, das seither als Gut Radau in Privatbesitz ist. Eine 1891 eingerichtete Brauerei hatte eine Zeitlang gute Abnehmer. Der heutige Baubestand stammt weitgehend aus dem 19. Jahrhundert.

Westerode

Es gibt viele Orte am Harz, die nach einer Himmelsrichtung benannt wurden. In unserem Fall wissen wir nicht, woher die Siedler kamen, die westlich von ihrem Wohnplatz eine neue Rodung angelegt haben. Die alten kirchlichen Beziehungen weisen nach Bettingerode, das jedoch nördlich in wenigen Kilometern Abstand liegt. Da es im Umkreis noch weitere Orte Westerode gab und noch solche bestehen, ist es schwer, die urkundlichen Nachrichten diesen zuzuordnen. Vermutlich ist ein 1174 in der Gründungsurkunde des Klosters Wöltingerode genanntes Gut die erste Erwähnung.
Mit seinen Äckern war Westerode weitgehend ein Zubehör der Harzburg und teilte deshalb deren Schicksal und die Besitzverhältnisse. Die rechts und links des Maschbaches aufgereihten Höfe bestimmen bis heute den Charakter des alten Kirchdorfes. In den letzten Jahrzehnten haben Neubaugebiete im Süden den Anschluß an Bad Harzburg gefunden und so den alten bäuerlichen Eindruck zurückgedrängt.
Die Kapelle war ein Filial von Bettingerode und wurde von einem gemeinsamen Pfarrer betreut. Im Archidiakonat Osterwieck (heute DDR) gelegen, gehörten beide Orte zum Bistum Halberstadt, dessen Grenze die Oker bildete. Das alte Gotteshaus St. Nicolaus lag mitten im Dorf und wurde im Dreißigjährigen Krieg vollständig zerstört. Die heutige Kirche ist 1612 an anderer Stelle erbaut worden und nach den Kriegszerstörungen 1657 durchgreifend erneuert. Es ist ein schlichter Saalbau mit einem achtseitigen Dachreiter, den ein zweistufiges Zwiebeldach bekrönt. Die umgebende Kirchhofsmauer stiftete 1702 der Amtmann von Harzburg And. Casp. v. Uslar, der sich auf einem Inschriftstein neben der Pforte verewigt hat.
Das Innere ist ein schlichter, von Emporen umgebener Raum. Im Westen steht die 1843 erbaute Orgel, die Ostseite füllt eine Prieche

Westerrode.

mit dem Kanzelaltar. An die Stiftung von Baumaterial für den Neubau durch Herzog Julius von Braunschweig erinnert eine große Tafel mit dem Fürstenwappen. Ein heute auf dem Altar stehendes Kruzifix stammt ebenso wie ein Messingleuchter aus der Barockzeit. Aus der alten Kapelle wurde vermutlich die kleine Schlagglocke von 1440 übernommen, die als Läuteglocke im Dachreiter hängt.

Harlingerode

Von allen ehemaligen Bauerndörfern, Ortsteilen der Stadt Bad Harzburg, hat Harlingerode sich am stärksten verändert. Umfangreiche Industrieanlagen drängen sich in den Vordergrund, obwohl auch deren große Zeit augenscheinlich zu Ende geht. Nahtlos gehen die Hüttenbauten von Oker entlang der Nordseite des von einem Kalkbruch zersplitterten Langenberges in die Gemarkung von Harlingerode über. Mit Landschaftspflegemaßnahmen versucht man jetzt, die Zerstörungen und die von aufgelassenen Betrieben verursachten Industriebrachen zu mildern.
Dabei gehört Harlingerode zu den ältesten urkundlich erwähnten Dörfern in der Stadt. 1053 schenkte Kaiser Heinrich III. fast den ganzen Ort seiner Stiftung an den Goslarer Dom. Dieser unterhielt hier bis zum Beginn der Verkopplung im 19. Jahrhundert einen Haupthof, einen Meier, von dem aus der Landbesitz im weiten Umkreis verwaltet wurde. Die ungewöhnlich große Gemarkung ist dadurch entstanden, daß im Umkreis von Harlingerode eine Anzahl der Rode-Dörfer wüst geworden sind und diese Flächen übernommen wurden. Auch hier war die Gründersippe des Herilo für die Rodung namensgebend, der in der Umgebung noch mehrfach auftritt. Wie alle anderen Dörfer wurde auch Harlingerode Zubehör der Reichsfeste Harzburg und teilte deren Herrschaftsverhältnisse.
Die Schenkung des Kaisers an das Domstift hat einen ungewöhnlichen Hintergrund, der einen Einblick in die Verfahren vor dem höchsten Reichsgericht, dem Grevending und dem Strafrecht jener Zeit ermöglicht. Der Kaiser beschuldigte den Vorbesitzer, den Grafen Tietmar, ihm in der Gegend von Bremen nachgestellt zu haben. Um die Beschuldigung vor Gericht abwehren zu können, stellte er sich zum Zweikampf und wurde dabei getötet. Dadurch galt er als

STOP
Krieg
Harlingerode

überführt, seine Güter wurden konfisziert und dem Kaiser zugesprochen. Dieser gab sie an das Goslarer Domstift, bzw. zur Ausstattung der Harzburg weiter.
Die Kirche unterstand dem Goslarer Domstift und hatte die Bewohner von Oker bis 1836 eingepfarrt. Nach der Zerstörung des mittelalterlichen Baues im Dreißigjährigen Krieg und nach einem weiteren Brand 1748 ist die heutige Kirche neu errichtet worden und erhielt 1794 einen Turm aus Fachwerk mit einem achtseitigen Zwiebeldach. Das Schiff ist mit einer Holztonne geschlossen und hat einen innen halbkreisförmig, außen mit einem halben Achteck geschlossenen Chor. Der Kanzelaltar zeigt die Formen des späten Barock. Auch die Orgel auf der Westempore stammt aus der Bauzeit nach 1748.
Die Industrie entwickelte sich zunächst aus den Hütten für die Rammelsberger und Harzer Erze. Durch die Fuhren vom Bergwerk zu den Hütten hatten die Harlingeröder Bauern einen guten Nebenerwerb. Seit 1527 konzentrierte Herzog Heinrich d.J. von Braunschweig die Verhüttung in dem auf der Harlingeröder Gemarkung entstandenen Ort Oker. Die einstmals größte Zinkhütte Europas reicht heute weit nach Harlingerode hinein. 1860 entdeckte man im Langenberg ein Eisenerzlager, das von 1870–1960 in der Grube Hansa abgebaut wurde. Die Verhüttung erfolgte bis 1932 in der *Mathildenhütte* im Radautal. Eine Kettenbahn zum Verladebahnhof hatte danach seit 1937 das Ortsbild geprägt. Das Erz wurde damals ins Ruhrgebiet befördert.
Das Landschaftsbild bestimmt heute die Wunde im Langenberg, die ein seit 1870 betriebenes Kalkwerk gebrochen hat. Die Kalklager des weißen Jura werden zu Bau- und Düngekalk verarbeitet. Wegen der seltenen Flora der Kalkmagerrasenflächen stehen Teile des Langenberges unter Naturschutz. Der Abbau des Flußkieses im Steinfeld des Okertals geschieht nur zum geringen Teil in der Gemarkung Harlingerodes. Wie der Bergbau ist auch die holzverarbeitende Industrie inzwischen aufgegeben worden. Durch den Holzeinschlag der Besatzungsmächte nach dem letzten Krieg hatte sie ihre Rohstoffbasis verloren. Die 1912 erbaute Bahnlinie Bad Harzburg–Oker konnte die durch die Grenzziehung von 1945 entstandenen Standortnachteile nicht ausgleichen. Das Ende des Bergbaues im Harz dürfte auch die Schließung der auf Metall angewiesenen Betriebe zur Folge haben.

Göttingerode

Diese Rode-Siedlung hatte wie viele andere keinen langen Bestand. Die erste Erwähnung 1163 läßt schon darauf schließen, daß sie damals wieder wüst und vom Wald überwuchert gewesen ist. Als Flurname lebte der Ort jedoch weiter, weil er in der Nähe des Okerforsthauses stand und noch 1699 Ruinen der Dorfkirche zu sehen waren. Auch ein Wolfsgarten, in dem Wölfe gefangen wurden, hat hier bis etwa 1700 bestanden.

1934 wurde im Zusammenhang mit dem Ausbau der Grube Hansa in Harlingerode etwas unterhalb der Wüstungsstelle entlang des „Grünen Stieges“ zwischen dem Stadtstieg Goslar–Harzburg und dem Langenberg eine Bergmannssiedlung errichtet. Der Ausbau der Siedlerstellen ging rasch voran und war bereits 1937 zunächst abgeschlossen und umfaßte 150 Häuser.

Den Mittelpunkt bildet die 1937 eingeweihte Volksschule für die rund 200 in der neuen Siedlung wohnenden Kinder, die in fünf Klassen unterrichtet wurden. Die hofartige Anlage wendet sich mit dem größten Gebäude, der Turnhalle, der Straße zu. Sie wurde als Mehrzweckanlage errichtet und enthält beispielsweise auch eine Bühne. Ein Dachreiter ist mit einer Uhr und einer Schlagglocke ausgestattet und ersetzt somit einen Kirchturm.

Nach dem Kriege erfolgte eine nicht unerhebliche Erweiterung des Ortsteils. Außerdem wurden Sportanlagen, das Silberbornbad und ein Campingplatz erstellt. Leider hatte man bei der Gründung der Siedlung nicht bedacht, daß das Erzlager bis unter das Baugebiet reichte. Die Ausbeute der Eisenerze hinterließ große Hohlräume, die nach dem Ende des Betriebes zu Bergschäden geführt haben, denen auch Wohngebäude zum Opfer gefallen sind.

Die Entstehung einer neuen Siedlung in der Harlingeröder Gemarkung auf einer Wüstung, deren historischen Namen sie übernommen hat, erinnert daran, daß es in der Umgebung noch weitere wüst gefallene Rode-Dörfer gegeben hat. Erwähnt seien hier Winetherode, Hilwardingerode, Dudingerode, Roderingerode, Thuringerode, Ebelingerode und Ebbingerode. Alle hatten auf den mageren Schotterböden, die die Eiszeit hinterlassen hat, nur eine kurze Lebensdauer. Nur wenige werden im 14. Jahrhundert noch erwähnt, alle wurden aufgegeben und die Feldflur von dem besser gelegenen Stammort weiter bewirtschaftet.

Göttingerode

Eckertal

Die Bundesstraße 6 wird heute an der ehemaligen Brücke über die Ecker durch einen Zaun unterbrochen. Aus der Demarkationslinie zwischen den Besatzungsmächten am Eckerlauf ist seit 1945 eine feste Grenze zur DDR geworden. An die Entwicklung dieser Grenze erinnert die Ausstellung im Deutschlandhaus neben der Aussichtskanzel. Der Blick geht von hier aus über die Befestigungsanlagen der DDR, vorbei an dem Beobachtungsturm der DDR-Truppen nach Stapelburg an der anderen Seite der Ecker. In den Nachkriegsjahren haben sich an dieser heute verschlossenen Bahn- und Straßenverbindung viele Flüchtlingsschicksale abgespielt.

Die Ecker war seit dem ausgehenden Mittelalter die Grenze zwischen dem Amt Harzburg und der Grafschaft Wernigerode. Am Ilsenburger Stieg lagen hier der Eckerkrug und entlang des Bachlaufes eine Anzahl Wüstungen: Bovingerode, Bintingerode, Kulingerode und als bedeutendste das Kloster Wanlefsrode. Burgen sicherten die Eckergrenze: Ahlsburg, Hasselburg und Stapelburg. Die Propstei St. Stephan war ein Außenstift des Klosters Ilsenburg. Es entstand aus einer Zelle des Einsiedlers Wanlef zu Anfang des 11. Jahrhunderts, nachdem auch die Rodung benannt worden ist. Sie wurde im 14. Jahrhundert verlassen. Die Grundmauern der kleinen Kirche sind neben der Straße im Schimmerwald noch erkennbar.

Die heutige Ansiedlung Eckertal entwickelte sich an einer alten Mühlstelle, die eine Pappenfabrik wurde, einem Forstdienstgebäude und einer Gaststätte. Im angrenzenden *Schimmerwald* wurden in den 30er und 40er Jahren eine umfangreiche Munitionsfabrik und Munitionslager errichtet. In den letzten Kriegstagen gesprengt, ist die Anlage bis heute nicht fertig geräumt und ein Gefahrenpunkt in dem lieblichen Laubwald. Der in den Urkunden auch Schimmelwald genannte Forst hat dazu geführt, daß er in der Forschung mehrfach mit der Pferdezucht und den einst den Sachsen heiligen weißen Pferden in Verbindung gebracht worden ist, allerdings ohne eine sichere Begründung dafür zu finden. Das springende weiße Pferd ist das Wappentier Niedersachsens. Den Bachnamen trägt auch die weit oberhalb der Siedlung gelegene *Eckertalsperre* der Harzwasserwerke. Durch ihren Damm verläuft heute die Grenze. Sie ist 1943 fertiggestellt worden und versorgt bis nach Wolfsburg das Harzvorland mit Trinkwasser.

Eckertal.

STADT VIENENBURG

Die Oker war seit grauer Vorzeit eine Grenze zwischen Völkern, Herren und Bistümern. So ist es nicht verwunderlich, daß sich an ihren Ufern die Burgen reihen. Hinzu kommt, daß quer dazu im Harzvorland ein Arm des Helweges, die „Alte Straße", verläuft, für deren Sicherung, Erhebung von Zoll, aber auch zum Schutz der Anwohner vor fremden Heeren und Raubgesindel der Bau von Burgen notwendig war. Die Kämpfe um ihren Besitz füllen Urkunden und Chroniken überreich an.
In dem heutigen Ort Vienenburg lagen sich zwei Burgen auf den Talrändern gegenüber: die welfische Harliburg und die bischöflich Halberstädter, die dem Ort den Namen gegeben hat. Zwei weitere lagen als Wasserburgen in der Talaue, Wiedelah und Wöltingerode, um die sich Ortsteile gebildet haben. Die Vienenburg ist darunter die jüngste. Die „Burg ob der Vinie", das heißt Sumpf, wurde wohl erst um 1300 erbaut, als die Bedeutung der anderen geschwunden war. Sie wechselte mit der Herrschaft im Lande im Mittelalter häufig ihre Besitzer, Hildesheimer Bischöfe, die Grafen von Wernigerode und die Stadt Goslar, die sie alle weiter verlehnten oder verpfändeten. Zusammen mit dem Amt nahm sie Herzog Heinrich d. J. von Braunschweig 1521 in Besitz. Bis 1643 blieb sie braunschweigisch und danach bis zum Ende des alten Reiches wieder Sitz eines Hildesheimer Amtes.
Die Burg liegt wie eine Krone über dem 1935 mit Stadtrechten versehenen Ort. Das hohe Okerufer wird hier vom Hurlebach und der Radau eingekerbt. Entlang der östlichen Burgseite ziehen sich die von einem Mühlbach gespeisten Speckenteiche entlang. So waren nicht nur die Anhöhe und die stattliche Ringmauer, sondern auch die von der Radau gespeisten Sümpfe und Teiche ein guter Schutz. Erhalten sind von der mittelalterlichen Burg noch der Bergfried und die Ringmauer. An diese Mauer schließen sich Fachwerkgebäude aus verschiedenen Zeiten, überwiegend aus dem 18. Jahrhundert, an und umschließen einen Hof, in dessen Mitte der Turm steht.
Leider befindet sich die Anlage in einem desolaten Zustand. Die Westseite ist vor wenigen Jahren eingestürzt, und nur entlang der Ostseite werden Gebäude noch benützt. Die Ursache liegt in der Aufhebung und Aufsiedelung der Staatsdomänen zu Beginn der 60er

Vienenburg.
Kries 86.

Jahre. Dadurch wurden die alten Verwalter- und Wirtschaftsbauten überflüssig, fanden keine Nutzung oder konnten von neuen Eigentümern nicht erhalten werden. So haben im Nordharzvorland seither viele alte Burgen und Schlösser die Grundlage für eine Erhaltung verloren, und viele Bauten sind verkommen. Außer in der Stadt Vienenburg sind es außerdem noch Wiedelah, im Kreis Astfeld, Lutter, Langelsheim und andere.
Auch hier entstand im Schutz der Burg die Ansiedlung. Die Burgkapelle als Filial von Klein Lochtum (heute Wüstung) diente als Pfarre. 1740 wurde die evangelische Kirche erbaut, weil die 1724 abgebrochene Kapelle als Amtskirche den wenigen Katholiken zugeteilt werden sollte. Der rechteckige Saalbau besitzt eine hölzerne Tonnendecke mit Stuckrippen. Der Kanzelaltar wurde 1745 von dem damaligen Pastor Trautmann gestiftet. Daneben befindet sich die reich geschnitzte Gutsprieche. Von der Decke hängt ein Taufengel herab. Der quadratische Turm wird von einer geschweiften Haube mit Laterne und Zwiebeldach bekrönt. Anbauten von 1912 erweiterten den Grundriß zur Kreuzform.
Im Jahre 1829 erhielt die katholische Gemeinde eine neue Kirche auf dem Kattenberg. Das äußerlich schlichte Fachwerkgebäude mit einem Dachreiter enthält innen einige Ausstattungsstücke aus der alten Burgkapelle und aus dem 1810 aufgehobenen Kloster Wöltingerode. Darunter befinden sich die Haupt- und Nebenaltäre sowie das ehemalige Triumphkreuz, Arbeiten der Goslarer Bildschnitzerwerkstatt des ausgehenden 17. Jahrhunderts von Jobst-Heinrich Lessen.
Nach dem Bau der Staatsbahn von Braunschweig nach Harzburg 1840 und den Anschlußstrecken nach Goslar, Hildesheim und Halberstadt entwickelte sich Vienenburg zum Eisenbahnknotenpunkt. Es folgten Industrien und am Fuße des Harly 1884 und 1894 ein umfangreicher Kalibergbau. Rasch wurde so aus einem Dorf eine kleine Stadt. Die industrielle und gewerbliche Basis wurde jedoch durch Schicksalsschläge weitgehend vernichtet. Am 8. Mai 1930 zerstörte ein Wassereinbruch das Kalibergwerk, und die Grenze zwischen den beiden deutschen Staaten sperrte den Abnehmerkreis im nördlichen Harzvorland von der Industrie ab. Die Bahnlinien wurden abgeschnitten. So ist der bedeutendste Betrieb heute jener, der den berühmten Harzkäse herstellt.

Von der *Harlyburg* sind nur geringe Wall- und Grabenreste erhalten. Auf der Stelle steht seit einigen Jahren jedoch wieder ein markanter Aussichtsturm. Als Reichsfeste 1203/04 von Kaiser Otto IV. erbaut, sollte sie seine Stellung den Gegenkönigen gegenüber stärken und Goslar sichern. Gegen Ende des 13. Jahrhunderts wurde sie jedoch ein Raubritternest. 1291 haben deshalb die beiden Bischöfe zusammen mit weltlichen Herren und der Stadt Goslar die Burg erobert und gründlich zerstört.

Wiedelah

Ort und Schloß Wiedelah tauchen erstmals 1312 in den Urkunden des Goslarer Domstifts als dessen Eigentum auf. Vorbesitzer waren die bedeutenden Ritter von der Gowische, ein Geschlecht, das im 13. Jahrhundert mehrfach Reichsvögte gestellt hat. 1341 wurde die Burg Hildesheimer Besitz und häufig verlehnt und verpfändet. Der heutige Eindruck wird von den Aus- und Erweiterungsbauten bestimmt, die im 16. Jahrhundert die Inhaber v. Quitzow ausgeführt haben.

Die annähernd quadratische, von Teichen und Wassergräben umgebene Burg besteht aus einem noch aus dem 14. Jahrhundert stammenden Südflügel und den Erweiterungsbauten der Zeit um 1600 mit einem schlanken Turm. Die Ostseite fehlt wohl schon seit den Schäden im Dreißigjährigen Kriege. An besonderen Architekturformen sind ein Treppenturm und ein zierlicher Erker an der Nordseite neben dem Tor zu erwähnen. Innen befinden sich in dem Nordflügel einige schön überwölbte Räume. Die Wirtschaftsgebäude der Domäne sind weitgehend verschwunden.

Neben der Sperrfeste war um 1400 ein Dorf entstanden, vermutlich durch die Umsiedlung von Bauern aus den wüst werdenden Orten Detlingerode und Klein Lochtum. Der recht große Platz mit dem Standbild des hl. Nepomuk von 1740 in der Mitte erinnert daran, daß der Hildesheimer Fürstbischof 1758 Wiedelah das Recht verlieh, zweimal im Jahr einen Markt abzuhalten, ein in früheren Jahrhunderten bedeutsames Privileg. Das Josephstift wurde im vergangenen Jahrhundert begründet und mehrfach um- und ausgebaut.

Die katholische Kirche ist ein Saalbau mit dreiseitigem Chor und einem achtseitigen Dachreiter über dem Westgiebel. Ein schlankes

Kloster Wöltingerode
Vienenburg.

1828 in Berlin verstorbenen Mann lebt fort in der Stiftung, die er seiner Vaterstadt gemacht hat: in der Jacobson-Schule in Seesen.
Von den mittelalterlichen Klosteranlagen sind noch die romanische kreuzförmige Basilika, die ebenfalls romanische Westkrypta und darüber der gotische Nonnenchor erhalten. Nach einer Feuersbrunst 1676 wurden die um den Kreuzgang angeordneten umfangreichen Klostergebäude abschnittsweise mit einem Fachwerkobergeschoß neu erbaut. Aus der Zeit um 1700 stammt auch die barocke Innenausstattung. In dem ehemaligen Kloster ist seit 1918 eine Landfrauenschule des Reifensteiner Verbandes untergebracht.
Die ohne Unterbrechung durch wechselnde Eigentumsverhältnisse ständig fortgeführte landwirtschaftliche Nutzung hat dazu geführt, daß hier die innerhalb der Immunitätsmauern liegenden Wirtschaftsgebäude der Barockzeit erhalten geblieben sind. Um den Hof, mit dem Propsteigebäude in der Mitte, reihen sich die Wohnungen der Dienstleute, Ställe, Scheunen usw. Ein repräsentatives Tor nach Osten und ein markantes Pforthaus nach Norden erschließen die Anlage. Die hohe Turmspitze steht wie ein Zeigefinger und Ziel weithin sichtbar in der Landschaft. Am Hang des Harly sind in den Nachkriegsjahren insbesondere auf dem ehemaligen Kalischachtgelände Wohnbauten entstanden, die aus der früher einsam gelegenen Klosteranlage einen kleinen Ort entstehen ließen.

Lochtum

Die Beziehungen zum Hauptort Vienenburg reichen bis in die Zeit des Burgbaues zurück, denn damals wurde die Burgkapelle ein Filial von Klein Lochtum, das schon im Mittelalter wüst geworden war, dessen Kirche aber erst im 19. Jahrhundert abgebrochen wurde. Groß Lochtum ist seither das heutige Dorf Lochtum, dessen Geschichte weit zurück zu verfolgen ist.
Hier besaß das Geschlecht der Pfalzgrafen von Goseck und Putelendorf Grundbesitz. Ein Mitglied der Familie war der Erzbischof Adalbert von Bremen, der in den Streit der Sachsen gegen Kaiser Heinrich IV. verwickelt wurde und 1066 vor den Aufständischen von Goslar auf sein Gut in Lochtum fliehen mußte. So fällt früh ein Blitzlicht der Geschichte auf den kleinen Ort. Mit dem Verkauf der Vienenburg an den Hildesheimer Bischof 1367 schied auch Lochtum

che begann 1906. Damals kaufte die Familie Breustedt die Domänen Weddingen und Immenrode und betreibt seither von Schladen aus auf den Feldern ein Saatzuchtunternehmen. Über die Grenzen der Bundesrepublik hinaus hat sich diese Firma einen guten Ruf erworben. Die Weddinger Ackerflächen dienen insbesondere der Beobachtung, Isolierung und Vermehrung des neuen Saatgutes von Weizen-, Gerste- und Ackerbohnensorten.
Die Kirche des kleinen Dorfes wurde 1784–86 neu erbaut. Das Schiff besitzt einen 5/10 Chorschluß und einen achtseitigen Dachreiter mit einer geschweiften Haube als Dachspitze im Westen. Das Innere ist schlicht. Aus der Vorgängerkirche wurden die Taufe und die Glokken übernommen. Über dem Ort finden sich Wallreste der *Meseburg*, die vielleicht mit der Moseburg Kaiser Heinrich IV. identisch ist, die hier die Paßstraße sichern sollte.
Die im Mühlteich von Grauhof entspringende Wedde hat einst den Durchbruch durch den Harly geschaffen und nicht den kurzen Weg über Wöltingerode zur Oker genommen, sondern einen weiten, durch einen großen Einzugsbereich bis nach Schladen. Der wasserreiche Bach treibt so viele Mühlen. Die *Schierksmühle* abwärts von Weddingen hat für die Frühgeschichte einen besonderen Ruf. In der Nähe wurde eine silberne Fibel gefunden, die auf der Rückseite eine Runeninschrift trägt.

Immenrode

Als Rodung eines Immo oder Immun gehört der Ort der 3. Siedlungsperiode in unserer Landschaft an. 1086 wird er erstmals urkundlich als Zubehör der Pfalz Werla erwähnt. Kaiser Heinrich IV. verlegte damals die Pfalz nach Goslar und schenkte Werla mit allen dazugehörenden Gütern dem Hildesheimer Bischof. Die Rodung hatte vorher eine fruchtbare Lößinsel erschlossen. Das Dorf nutzte die darin von der Wedde ausgewaschene Mulde und die Kirche mit dem einem Belfried ähnlichen Turm das hohe linke Bachufer. Das gute Ackerland ließ große Höfe entstehen, deren vielfachen Verlehnungen und Verpfändungen hier nicht nachgegangen werden soll. Interessant ist nur die Geschichte des „Großen Hofes“, von dem noch stattliche Fachwerkbauten erhalten geblieben sind. Es waren

Immenrode.
Krieg.
88.

ursprünglich zwei Höfe, die 1564 von dem Besitzer des Schlosses Wiedelah, Dietrich v. Quitzow, angekauft und von dort als Vorwerk verwaltet wurden. Erst durch die Anpachtung für den Betrieb des Saatzuchtunternehmens Breustedt kam es zur Domäne Weddingen. Die Kirche St. Cosmas u. Damian besteht aus sehr unterschiedlichen Teilen. Der älteste Bau ist wohl der aus dem Ende des 12. Jahrhunderts stammende Turm mit Schallarkaden, deren Kämpferkapitelle auf diese Entstehungszeit verweisen. 1580 mußte das kleine steinerne Schiff mit der Apsis durchgreifend erneuert werden. 1739 brach man den Chor ab und erstellte eine östliche Erweiterung aus Fachwerk. 1894 gestaltete schließlich der Hannoversche Baurat Haase die Kirche vor allem innen um. Er fügte auch den Fachwerkchor an und stellte auf den Ostgiebel einen Dachreiter als Konkurrenz zu der barocken Turmspitze. Von der Inneneinrichtung ist nur ein spätgotisches Kreuz erwähnenswert.
Eine Eigenart Immenrodes gehört der Vergangenheit an. In vielen Familien und 12 kleinen Betrieben wurde bis vor zwei Jahrzehnten Harzkäse hergestellt. Der Ort war das Zentrum für diese Produktion am Harz. „Dei Käsebäckers ut'm Boddermelksdörp“ waren weithin bekannt. Gegen die industrielle Konkurrenz, beispielsweise aus Vienenburg, konnten sie sich allerdings nicht behaupten.

Lengde

In einer frühen Nachricht von 1174 heißt der Ort Lenghite. Demnach gehört er zu den „ithi“-Siedlungen und dürfte etwa 500 Jahre älter sein als die Urkunde, in der die Kapelle der Mutterkirche Gielde (später Archidiakonat Neuenkirchen) dem Kloster Heiningen vom Hildesheimer Bischof übereignet wurde. Ab 1351 war dann das Kloster Wöltingerode im Besitz des Patronatsrechtes über die Kirche. Beide Klöster hatten erheblichen Zehntbesitz im Ort.
1147 werden erstmals Edelherren von Lengde erwähnt. Sie besaßen im Ort einen „Walhof“. Das war eine kleine, von einem Wall mit Dornenhecken umgebene Befestigung, die in mehreren Orten des Harzvorlandes nachweisbar ist. Oft war der Kirchturm als „Belfried“ Bestandteil der Anlage. Forscher vermuten in den Walhöfen die Amtssitze der von den Karolingern eingesetzten Herren über die

1988.

entsprechenden Teile des Königsgutes. Mit dem Aussterben dieses Geschlechtes im 14. Jahrhundert übernahm eine Vielzahl von Herren, Bischöfen und Klöstern dessen Erbe.
Offenbar wurde auch hier ein Siedlungsraum eng, denn im 13. Jahrhundert werden zwei Orte erwähnt, Groß- und Klein-Lengde. Die Rodung am Hang des Harlyberges hatte aber wohl keinen Bestand. Im 14. Jahrhundert verschwindet Klein-Lengde wieder aus den Urkunden. Auch die *Scharenburg* auf dem hohen linken Okerufer, die gegen Ende des 14. Jahrhunderts vom Hildesheimer Feldhauptmann Hans von Schwiecheldt zur Sicherung der Diözesangrenze erbaut worden war, verschwand gegen Ende des 15. Jahrhunderts wieder.
Nach dem Brand von 1786, dem die meisten Bauernhöfe zum Opfer fielen, erfolgte ein Wiederaufbau auf den alten Grundstücken mit recht einheitlichen Fachwerkbauten. Es sind überwiegend Dreiseit- und Vierseitgehöfte, zum Teil mit Durchfahrtsscheunen. In der Mitte des langgestreckten Dorfplatzes steht der Dorfkrug. Die Kirche ist 1802 neu erbaut worden. Dabei blieb der alte Westturm, der 1710/11 eine neue, achtseitige Spitze bekommen hatte, erhalten. Übernommen wurde auch die barocke Innenausstattung: der Kanzelaltar, der Taufengel, Bänke und die Abendmahlsgeräte.
Eine Besonderheit sind die beiden 1711 und 1735 erbauten massiven Zehntscheunen des Klosters Wöltingerode im Dorf. Nach der Ablösung der Abgabenpflicht im vorigen Jahrhundert sind diese den Bauern verhaßten Sammelstellen des oft bedrückenden Zehnten in anderen Dörfern überwiegend abgebrochen worden. Es sind stattliche massive Scheunenbauten mit kleinen Schlitzfenstern und kräftigen Toren in den Seitlängstennen, wahrscheinlich wohl notwendige Sicherungen gegen Raub und Aufruhr.
Entlang des Ostrandes von Lengde und durch eine Anschlußstelle mit dem Dorf verbunden, verläuft eine neue Autobahn A 395, die streckenweise noch im Bau, von Bad Harzburg nach Braunschweig führen soll. Sie hat die Aufgabe, den erheblichen Ausflugsverkehr zwischen den Ballungszentren und den Naturparks Harz und Heide aufzunehmen. Am Durchbruch der Straße im Harlyrand hinter der Okerbrücke ergab sich ein interessanter geologischer Aufschluß durch die Trias-, Jura- und Kreideformationen. Nach Osten geht der Blick weit hinüber in das Harzvorland der DDR.

GEMEINDE LIEBENBURG

Die Burg, die der jetzt aus 11 Orten zusammengeschlossenen Gemeinde den Namen gegeben hat, ist viel jünger als die übrigen Dörfer im Umkreis. Sie hat sich außerdem die Bezeichnung von dem benachbarten Dorf Lievethe-Lewe geliehen. Weil in unserer heimischen Mundart Lewe Liebe heißt, nannte der Hildesheimer Bischof Siegfried II., der 1292 die Burg auf der benachbarten Höhe als Grenzfeste gegen das Gebiet des Herzogs von Braunschweig erbauen ließ, diese Liebenburg. Sie wurde in der Folgezeit der Mittelpunkt ständiger Kämpfe zwischen den beiden Fürstentümern, in die auch die Stadt Goslar mit verwickelt wurde. Die Orte im Umkreis haben so oft Kriegshändel überstehen müssen. Bis 1937 waren Lewe und Liebenburg selbständig. Danach hielt bis zur Gebietsreform der Ortsname Lewe-Liebenburg noch die historische Entwicklung in Erinnerung.

Lewe

Das Edelgeschlecht von Levethe auf dem Walhof, den wir bei der Kirche suchen müssen, gehörte wohl zum Gefolge der deutschen Könige aus sächsischem Geschlecht, die auf der nahe gelegenen Pfalz Werla ihren bedeutendsten Sitz hatten. Als Ritter in den Urkunden bezeichnet, hatten sie umfangreiche Besitzungen im bäuerlichen Umland. Das Geschlecht starb im 14. Jahrhundert aus und wurde von den Hildesheimer Bischöfen beerbt, die damit bald den Braunschweiger Herrschaftsansprüchen entgegentraten, als sich im 15. Jahrhundert allmählich feste Grenzen ausbildeten.

Aus den bäuerlichen Anwesen mit schönen Fachwerkbauten ragt der zweizipfelige Turmhelm der Kirche heraus. Er ist zu einem Wahrzeichen des Ortes geworden, obwohl er erst rund 150 Jahre alt ist. Im Jahre 1862 wurde nämlich die kleine mittelalterliche Kirche abgebrochen und nach einem Entwurf des hannoverschen Kirchenbaurats Hase neu erbaut. Nur der mächtige Turmklotz, der als „Querwestriegel“ wohl ursprünglich ein Zufluchtsort der Dorfbevölkerung in Kriegszeiten gewesen ist, blieb stehen. Er zeigt heute spätgotische Architekturformen. Hase ließ das alte Satteldach abbrechen und setzte an dessen Stelle die zwei Turmspitzen mit einem Uhrenerker dazwischen auf.

Liebenburg-Lewe
Krieg.
88.

Liebenburg

Die gegen Ende des 13. Jahrhunderts errichtete Höhenburg des Hildesheimer Bischofs veranlaßte den Braunschweiger Herzog, dieser zwei Gegenburgen zur Seite zu stellen, im Norden die auf dem Lichtenberg, im Süden die ältere auf dem Harly. Fortan hörten die Händel nicht auf. Der Bischof stärkte seine Besitzungen an der Liebenburg dadurch, daß er selbst oft dort Aufenthalt nahm, sie zu einem Amtssitz machte und schließlich sogar das uralte Gaugericht von Ringelheim unter die Linde vor der Burg verlegte. Die Vogtei besaßen dort für fast 200 Jahre die Herren von Schwiecheldt aus dem Hildesheimer Stiftsadel.

1519 gelang es den Braunschweigern, mit der Hildesheimer Stiftsfehde Burg und Amt in ihren Besitz zu bringen. Durch den 30jährigen Krieg wurde sie den Hildesheimer Bischöfen 1643 zurückgegeben. Inzwischen war jedoch die Bevölkerung 1568 evangelisch geworden. So konnte der Bischof auf der Burg nur eine katholische Amtsvogtei einrichten, die auch die Pfarre für wenige Katholiken im weiten Umkreis wurde.

Zu einer Burg gehörte immer ein Wirtschaftshof zur Versorgung der Herrschaft und der Besatzung. Durch Grundstückstausch und Kauf erreichte es der Bischof, das dazu notwendige Bauernland zu erhalten. So entstand zu Füßen des Burgberges ein Vorwerk, die Domäne, die bis heute eine stattliche Hofanlage bildet. Das auffallendste Gebäude davon ist das „Alte Brauhaus“ aus der Zeit um 1700 an der Straßenseite.

Von der mittelalterlichen Burg sind nur wenige Reste erhalten. Es sind ein Turmstumpf mit einem Stück der Burgmauer im sogenannten Amtsrichtergarten und der noch etwa 12 m hohe Wachtmeisterturm auf der Höhe über dem Schloß. Eine rührige Burgenvereinigung im Ort bemüht sich heute, deren Verfall aufzuhalten und den Wachtmeisterturm wieder besteigbar zu machen. Von dem ehemaligen Belfried hat man einen weiten Blick in das Land und über die einst zum Schutz der Burg aufgestauten Mahner Teiche, die heute als Rückhaltebecken nur im Frühjahr und Herbst noch Wasser enthalten.

Ein neuer Abschnitt der Geschichte begann 1750. Damals ließ der Fürstbischof Clemens August Burg und Kirche abbrechen und aus dem Steinmaterial ab 1754 ein barockes Schloß erbauen. Clemens August besaß eine umfassende Macht. Als Sohn des Kurfürsten Maximilian Emanuel von Bayern war er zugleich Kurfürst und Erzbischof von Köln sowie Bischof von Münster, Paderborn, Osnabrück und Fürstbischof von Hildesheim. Er war aber auch einer der Gegner Friedrichs des Großen und wurde so mit in den Siebenjährigen Krieg verwickelt. Deshalb wurden zwar das Äußere des Schlosses und der Westteil mit der Schloßkapelle bis 1760 fertiggestellt; der Ostteil, der die Wohngemächer enthalten sollte, jedoch erst 1815–18 als Amtsgericht des Königreichs Hannover ausgebaut. Nach der Auflösung des Amtsgerichtes im Verlauf der Verwaltungsreform 1959 hat ein Künstler in den Räumen Wohnung und Werkstatt bezogen.

Das Bergschloß ist in seiner stattlichen Lage ein großes zweigeschossiges Gebäude mit einem Walmdach. Die eigentliche Front ist die heutige Hofseite. Hier zeigt der flache Steingiebel eines Mittelrisalits das von zwei liegenden Löwen begleitete Wappen des Fürstbischofs Clemens August. Die Kapelle im Westflügel wird nach außen nur durch einen Dachreiter gekennzeichnet. Innen ist die Zweigeschossigkeit durch umlaufende Emporen ausgenutzt. Der Mittelraum führt den Blick nach oben zur Decke, die von einem prächtigen Gemälde ausgefüllt wird.

Bei der bayrischen Herkunft des Bauherrn ist es nicht verwunderlich, hier als Schöpfer des Deckengemäldes Joseph Gregor Winck „ex Bavaria“ anzutreffen, der sie 1758 so signierte. Neben den wohl von der alten Kirche übernommenen Schutzpatronen „annuntiatio B. Mariae V. et St. Joseph“ war sie einem Namenspatron „St. Clemens Romanus“ des Kurfürsten Clemens August geweiht.

Die Lebensgeschichte dieses Heiligen wird in den um den Rand der Decke ohne Trennung laufenden Bildern dargestellt. Die Mitte zeigt die Verklärung des Heiligen im Himmel. Der Hauptaltar ist bis auf Tisch und Tabernakel ebenfalls eine stark perspektivische Wandmalerei von Winck. Der nördliche Seitenaltar ist ein barockes Schnitzwerk. An Stelle des verbrannten südlichen hängt ein spätmittelalterlicher Kruzifixus. Aus der Erbauungszeit stammt auch die stattliche Orgel.

Der Ort Liebenburg entwickelte sich erst im 19. Jahrhundert, als sich neben den wenigen Brinksitzern – Arbeitern der Domäne,

Liebenburg
Krieg

Angehörige der Amtsverwaltung, Handwerker und Händler hier niederließen. Noch in der Mitte des 19. Jahrhunderts war die Einwohnerzahl von Lewe mit rund 800 höher als die von Liebenburg. Erst die Gründung der Privatnervenklinik Dr. Fontheim am 7. Februar 1882 ließ die Bevölkerungszahl rasch ansteigen. Sie bestimmt bis heute die Bedeutung des Ortes. Beide Orte wuchsen rasch aufeinander zu. Der räumlichen Vereinigung folgte 1937 auch die rechtliche zur Gemeinde Lewe-Liebenburg. Heute hat Liebenburg etwa 2400 Einwohner.

Dörnten

Die beiden fruchtbaren Talauen der Innerste und der Oker trennt der Salzgittersche Höhenzug. Nur einige Paßwege führen hinüber, an deren Ein- und Ausgängen Dörfer liegen, deren Namen bis heute auf ihre einstige Lagefunktion hinweisen. Dornzuni, aus dem sich Dörnten entwickelte, war der den Weg sperrende und das Dorf schützende Dornenzaun, und Döhren auf der anderen Seite des Passes die Dör, die Tür, die man durchschreiten mußte. 1053 erscheint der Name erstmals in den Urkunden. Damals war es ein bäuerliches Anwesen. Bodenfunde in der Gemarkung bezeugen jedoch, daß hier schon lange vorher, seit der Mittleren Steinzeit, Menschen gelebt haben.

Abseits der politischen und wirtschaftlichen Zentren des Raumes gelegen, nahm Dörnten seit dem Mittelalter an der territorialen Entwicklung passiv teil. Mit dem seit dem 14. Jahrhundert bestehenden Amt Liebenburg fiel Dörnten nach dem Ende der Hildesheimer Stiftsfehde 1523 an den Herzog von Braunschweig-Wolfenbüttel, 1643 kam es mit dem „Großen Stift" an das Hildesheimer Fürstenbistum zurück. 1802 wurde der Ort preußisch, 1807–1812 gehörte er zum Königreich Westfalen, seit 1813–1866 zu Hannover, danach wieder zu Preußen. Bis 1884 bestand der Kreis Liebenburg, danach der Kreis Goslar, 1942 kam Dörnten mit der Bildung der Stadt Salzgitter an das Land Braunschweig und seit 1972 wieder nach Goslar.

Die Fachwerkbauten der Bauernhöfe überragt weithin sichtbar die mit Kupfer eingedeckte Spitze der Kirche. Der wuchtige Wehrturm dürfte noch aus dem Mittelalter stammen. Das Schiff wurde 1712

Krieg.
Dörnten.

erneuert. Damals entstanden wohl auch die umlaufenden Emporen mit Bildern aus der biblischen Geschichte in den Brüstungsfeldern. Der Altar ist eine Stiftung von 1681 des damals amtierenden Pastors Rosenberg. Auch die barocken Abendmahlsgeräte und Kronleuchter sind Stiftungen. Neben der Pfarre erinnern die mächtige Thie-Linde neben der alten Pfarrscheune und der Opferbach an weit zurückliegende Zeiten, die herrlich gewachsene Friedenseiche von 1878 vor der Kirche an die wechselhafte Geschichte des Ortes.
Eine kurze Periode blieb der Eisenerzbergbau am Glockenberg. 1878 in Betrieb genommen, hatte er im 19. Jahrhundert seine größte Ausbeute. Während des letzten Krieges wurde er eingestellt. Eine wechselhafte Geschichte haben die Betriebe im Ortsteil *Kunigunde*. Auf einer alten Mühlstelle im Innerstetal errichtete 1682 der Freiherr Jobst Edmund von Brabeck aus einem alten westfälischen Adelsgeschlecht im Dienste des Hildesheimer Bischofs ein Eisenwerk, das Erze aus dem benachbarten Salzgitterschen Höhenzug verarbeiten sollte. Es wurde nach der Gemahlin Cunigunda benannt.
Es gab jedoch Schwierigkeiten beim Erschmelzen von brauchbarem Eisen aus den kieselhaltigen Dörntener Erzen. Deshalb wurde die Hütte ab 1730 stillgelegt. Eine gußeiserne Wappentafel von 1741 mit einem Madonnenbild am Verwaltungsgebäude der Pulverfabrik erinnert noch daran. Auch ein Kupferhammer war nicht von Dauer.
Aus der Hütte wurde dann eine Papier-, Mahl-, Säge- und Pulverfabrik, von der die letztgenannte von 1721 noch besteht. Sie fertigt vor allem verschiedene Sorten von Feuerwerkspulver. An die Papiermühle erinnern noch zwei Mühlsteine und das v. Brabecksche Wappen am Turbinenhaus. Weitere Teile benutzt ein Betonsteinwerk. Zu der kleinen Industriesiedlung gehört wohl schon seit dem Mittelalter ein Krug an der Fernstraße Goslar–Hildesheim.
Das heutige Gasthaus Kunigunde steht mit einem breiten Zwerchhaus behäbig neben der Bundesstraße. Es wurde 1812 errichtet. Der Wirt war nach dem Ausbau der Chaussee während der Hannoverschen Zeit zugleich der Wegegeld-Einnehmer. Mit diesem Wegezoll sollten die Kosten für den Straßenbau wieder eingetrieben werden. Eine Sehenswürdigkeit besonderer Art existiert leider nur noch in der Erinnerung: Ein gewaltiges Orchestrion, dessen Spiel das ganze Haus erzittern ließ, wurde vor etwa 30 Jahren verkauft.

Groß Döhren

Die „Tür“ vor dem Paß an der Ostseite des Salzgitterschen Höhenzuges gehört zu den urkundlich sehr früh erwähnten Orten im Landkreis Goslar. Im Jahre 1000 hat Kaiser Otto III. seinem Truchsaß Eiko hier drei Hufen – etwa 90 Morgen – Acker geschenkt. Im 14. Jahrhundert lebte auch ein Adelsgeschlecht, das sich nach dem Dorf nannte, wohl auf der Burgstelle am Paßweg, von der heute kaum noch Spuren vorhanden sind. Es war ein Reichslehen, das von einem Dinghof aus bewirtschaftet wurde.

Nach vergleichbaren Beispielen könnte dieser Dinghof im Zusammenhang mit der Kirche auf dem Papenberg gelegen haben. Das Bauerndorf war in der in unserer Landschaft üblichen Form angelegt, so daß rechts und links des Hellbaches jeweils zwei sich gegenüberstehende Höfe lagen. Das Bachbett war zugleich die Straße.

Dieser Dorftyp ließ nur schwer eine bauliche Erweiterung zu. Deshalb mußte die anwachsende Bevölkerung sich in der Nachbarschaft neues Land roden und eine weitere Siedlung bilden. So entstanden *Döhrenhausen,* heute nur noch ein Forsthaus und eine Tierkörperverwertungsanstalt, und, weil 1278 erstmals Groß Döhren erwähnt wird, Klein Döhren. Groß- und Klein Döhren sind inzwischen miteinander verwachsen und bilden einen zusammenhängenden Ortsteil.

Im 30jährigen Krieg wurde Groß Döhren fast völlig zerstört. Das Pfarrhaus blieb jedoch erhalten und ist, 1625 errichtet, der älteste Fachwerkbau im Dorf. Von der Kirche blieb damals nur der massive Mauerklotz des Turmes stehen. Das Schiff wurde 1670–72 neu erbaut, und im Zusammenhang mit Renovierungsarbeiten erhielt der Turm 1870 eine neue Spitze und eine Werksteinverkleidung.

Für einige Jahrzehnte hatte Döhren auch Anteil an dem im Salzgitterschen Höhenzug umgehenden Eisenerzbergbau. Hier entstand eine Verladeanlage für eine Kleinbahn, die die Erze nach Ilsede zur Verhüttung brachte. Bergleute zogen zu, und die größer werdende Zahl der Ortsbewohner ließ einige Gewerbebetriebe entstehen. Mit dem Ende des Bergbaus vor 25 Jahren, an den noch die Schluchten der verlassenen Tagebaue erinnern, fand der Ort zu seiner bäuerlichen Prägung zurück.

Krieg
88
Groß Döhren.

Klein Döhren

Im Harzvorland läßt es sich oft beobachten, daß die Dörfer nicht gleichförmig erweitert wurden. Ein Bevölkerungszuwachs machte stets die Anlage einer neuen Siedlung in der Nähe notwendig. Der Mutterort wurde dann wie hier „Groß", das Tochterdorf „Klein Döhren". Viele dieser „Klein"-Orte sind zwar nach Kriegszerstörungen oder weil der neu gerodete Boden nicht fruchtbar genug war, um die Aussiedler zu ernähren, wieder wüst geworden. Das gilt hier beispielsweise für Baringeroth am Osterholz. Hier war ein Vorwerk des alten Dinghofes in Groß Döhren der Ansatzpunkt für die Gründung eines neuen Ortes.
Klein Döhren blühte jedoch auf und erreichte fast die Größe des Mutterortes. Das wird dadurch deutlich, daß schon bald eine Kirche als Filial von Groß Döhren erbaut wurde. Leider ist sie wie so viele im Landkreis im 19. Jahrhundert abgebrochen worden, weil sie zu klein war, alle Gottesdienstbesucher aufzunehmen. Nur der alte Wehrturm, ursprünglich wohl ein Querwestriegel, heute mit einer achtseitigen Spitze versehen, blieb erhalten.
Das Schiff erbaute 1858/59 der Goslarer Hauptmann a. D. Wiepking nach einem Entwurf des damals noch jungen Bauinspektors Hase aus Hannover mit einem kreuzförmigen Grundriß. Eine Steinplatte mit dem verwitterten Wappen der Herren v. Schwiecheldt und der Jahreszahl 1509, die in die kleine Sakristei wieder eingemauert wurde, erinnert an die damalige Patronatsherrschaft. In die neue Kirche wurde auch der steinerne Altarblock aus dem Mittelalter übernommen. Das alte Schulhaus hat sich die Pfarrgemeinde, die beide Orte umfaßt, zu einem Gemeinschaftshaus hergerichtet, in dem Veranstaltungen aller Art stattfinden können.
Stärker als in den anderen Orten hat sich in Klein Döhren der alte Dorfcharakter erhalten. Zwar sind auch hier keine Höfe aus der Zeit vor dem 30jährigen Kriege erhalten geblieben, aber die stattliche Reihung alter Fachwerkhäuser, großer Höfe mit den von Sandsteinpfosten flankierten Torwegen vermitteln das Bild eines anheimelnden Bauerndorfes, das sich in eine Bachmulde des Salzgitterschen Höhenzuges duckt.

Klein Döhren.

Klein Mahner

Die Gebietsreform hat einen der Doppelorte im alten Landkreis Goslar geteilt. Mutter- und Tochtersiedlung gehen dadurch getrennte Wege in der Geschichte. Groß Mahner gehört heute zur selbständigen Stadt Salzgitter. Klein Mahner wurde der Gemeinde Liebenburg zugeordnet. Allerdings waren die Verbindungen zwischen beiden Orten schon vorher schwächer geworden, seitdem 1942 die „Reichswerke" auf der Grundlage der Eisenerzlager in der damals aus 28 Orten neu geschaffenen „Stadt" Salzgitter entstanden waren. Zurück blieb das Bauerndorf Klein Mahner, noch immer Sitz des Pastoren für beide Orte als eine letzte verbindende Klammer.
Die Tochtersiedlung scheint hier früher entstanden zu sein als in den anderen „Klein"-Orten, denn bereits im 12. Jahrhundert finden sich in einem Tauschvertrag zwischen den Klöstern Ilsenburg und Steterburg Grundstücke in Klein Mahner erwähnt. Es ist sogar denkbar, daß dem alten „Mandere" erst später die Attribute Groß und Klein in Umkehrung der wirklichen Entwicklung zugelegt worden sind. Auch ein Adelsgeschlecht nannte sich nach dem Rittersitz auf dem „Döhnhof" in Groß Mahner von Mahner. Es starb mit Aschwin 1449 aus und wurde von den v. Schwiecheldts als Lehnsbesitz des Hildesheimer Bischofs beerbt.
Als Grundlage der Ortsgründung war einst eine trockene Halbinsel im Sumpfgebiet der Warne ausgewählt worden. Fleißig hatten die Siedler dem Risch Ackerflächen abgerungen. In den Kämpfen zwischen dem Hildesheimer Bischof und dem Herzog von Braunschweig kam jedoch dem Ritter Hans von Schwiecheldt als Stiftsmarschall auf der Liebenburg der Gedanke, durch einen Stau der Warne seine Burg gegen die Braunschweiger besser zu sichern. So entstand 1393 der Mahner Teich, der mit ungefähr 3 km Länge bis zur Verkoppelung im 19. Jahrhundert bestehen blieb. Obwohl mit dem ablaufenden Wasser ein wichtiger Teil der Nahrungsgrundlage verschwand, blieb die Reiherkolonie in der Grüte bis in unsere Tage dem alten Standort treu. Allerdings ist seit zwei Jahrzehnten der Mahner Teich, als Rückstauanlage der Warne mit ihrem großen, unbewaldeten Wassereinzugsgebiet ausgebaut, im Frühjahr und Herbst oft wieder gegenwärtig.
Das Dorf und seine Kirche teilten das Schicksal so vieler Orte im

Harzvorland. Die Fachwerkhäuser mit Strohdächern fielen immer wieder Brandkatastrophen zum Opfer. Zuletzt brannte Klein Mahner 1746 vollständig ab. Ältere Bauernhäuser fehlen deshalb, und der heutige Bestand stammt weitgehend aus dem 19. Jahrhundert. Nur das Pfarrwitwenhaus mit einer langen Spruchschwelle am vorkragenden Obergeschoß dürfte noch aus der Zeit unmittelbar nach dem Brande stammen.

Der Kirchturm wurde zwar 1812 stark erneuert, läßt jedoch noch gut den Charakter als mittelalterlicher Wehrturm mit Schießscharten im unteren Teil erkennen. Die achteckige Spitze ist nachmittelalterlich, das Portal neuromanisch. Das Schiff ist 1865 abgebrochen worden und wurde danach in neugotischen Formen wieder aufgebaut. Die 1542 durchgeführte Reformation hat den mittelalterlichen Flügelaltar verschont. Offenbar hat der Bildersturm jener Jahre in den kleinen Orten nicht so schwerwiegende Folgen gehabt wie in den Städten des Landes.

Der auf dem steinernen Altartisch stehende Schrein zeigt auf der Schauseite unter einem Maßwerkvorhang im Mittelteil eine geschnitzte und farbig gefaßte, figurenreiche Kreuzigungsszene. Die Zeichnung zeigt die Gruppe der weinenden Frauen mit der Mutter Maria links unter dem Schächerkreuz. In den Seitenflügeln stehen in Dreiergruppen je zweimal übereinander die 12 Apostel jeweils unter einem Maßwerkbaldachin. Die Predella enthält als Mittelfigur einen geharnischten Ritter und daneben die heiligen Frauen Anna und Magdalena wohl als Schutzpatrone der Kirche. Auf den Rückseiten der Schreinflügel befinden sich Tafelmalereien.

Solche Altarschreine waren im Mittelalter weit verbreitet. Nur wenige sind davon erhalten geblieben. In der Reformationszeit wurden sie vernichtet, weil die „Papistischen Götzenbilder" angeblich nicht zu dem neuen Glauben paßten. Im katholischen Gottesdienst dienten sie als Wandelaltäre. Nur an Sonn- und Feiertagen waren sie geöffnet. Die Rückseiten der Flügel waren bei geschlossenem Schrein die Alltagsseite.

Die übrige Ausstattung der Kirche stammt aus dem 19. Jahrhundert. Nur das mittelalterliche Abendmahlsgerät und die barocken Altarleuchter wurden in den Neubau übernommen.

Klein Mahner.
Krieg.
88.

Pfarrkirche besaß. Er baute deshalb in dem benachbarten, bis dahin unbedeutenden Ort eine neue Kirche als Archidiakonatssitz. Von hier aus wurden für mehrere Jahrhunderte nicht weniger als 16 Orte im weiten Umkreis betreut, bis gegen Ende des Mittelalters das Archidiakonat nach Goslar verlegt wurde. Offenbar hatte damals schon lange der Amtsträger seine Kirche nicht mehr besucht. Als 1542 die Reformation eingeführt wurde, hatte der Ort noch nicht einmal mehr einen Pfarrer, sondern war ein Filial der Gielder Kirche geworden.
Die kleine Kapelle ist oftmals umgebaut und verändert worden, zuletzt 1913. Nur wenige Mauerteile stammen noch aus dem Mittelalter. Ein Dachreiter mit einer außen hängenden Glocke am spitzen Turm hebt das Gebäude aus den umliegenden Gebäuden heraus. Der beherrschenden Lage über der steil abfallenden Böschung verdankt sie darüber hinaus, daß sie weithin sichtbar ist. Von den Ausstattungsstücken ist ein spätgotischer, mit reichen Maßwerkornamenten geschmückter Kelch bemerkenswert.
1622 wurde eine erste Einwohnerzählung im Amte Schladen, zu dem Neuenkirchen gehörte, durchgeführt. Damals gab es im Ort 4 Ackermänner, 4 Halbspänner, 6 Kotsassen und 6 Häuslinge (= Mieter). Viel hat sich seither nicht verändert. Mit rd. 350 Einwohnern war Neuenkirchen schon immer das kleinste Dorf im Landkreis Goslar.
In der Nähe liegt der alte Adelshof *Lüderode.* Das Gutshaus stammt aus dem 18. Jahrhundert, eine ehemalige Mühle von 1704.

Heißum

Am Abhang des Backenberges zum Innerstetal liegt das kleine „Käsebäckerdorf“, wie es die Nachbarn noch immer nennen, obwohl in den Haushalten schon seit Jahrzehnten kein „Harzer“ mehr hergestellt wird. Der Mausebrunnen, an dem sich zu Pfingsten das ganze Dorf fröhlich versammelt, schickt hier ein kleines Bächlein zu Tal, das der Siedlung das notwendige Trinkwasser lieferte. Bis zum Bau der Eisenbahnlinie Goslar–Hildesheim 1875 lag das Dorf versteckt in der Talmulde, und noch heute zieht der Fernverkehr auf der Bundesstraße 6 in einigem Abstand vorüber.
In das Licht der Geschichte tritt Heißum 1131 ein, als Bischof Bernhard von Hildesheim die Besitzungen des Klosters St. Georg in Gos-

Heissum
Krieg
88

lar in einer Urkunde bestätigt. Fast alle Hofstellen gehörten damals zu der Ausstattung des Stiftes und blieben noch dort bis zur Säkularisation 1803 zinspflichtig. Zusammen mit den anderen Orten, die beiderseits des Salzgitterschen Höhenzuges im Grenzgebiet zwischen dem Fürstbistum Hildesheim und dem Herzogtum Braunschweig liegen, nahm Heißum auch an deren wechselvollem Schicksal teil.
Nur einmal trat der Ort aus der Anonymität hervor, in einem Streit, der 80 Jahre lang dauern sollte. Als 1643 das Große Stift Hildesheim neu entstand, war vereinbart worden, daß das Jahr 1624 für die Religionszugehörigkeit der Ortsbewohner maßgebend sein sollte. Sowohl die Katholiken als auch die Protestanten beanspruchten danach die Pfarrechte in Heißum. Zwar war die Bevölkerung seit 1542 protestantisch, die kleine Kirche war jedoch unter dem Patronat des Klosters St. Georg, das 1527 nach Grauhof verlegt war, verblieben. Die Stiftsherren unterhielten dort auch zeitweise einen katholischen Pfarrer, die Kirche benutzten jedoch auch evangelische Amtsbrüder aus Othfresen.
Der mächtige Propst Göken von Grauhof versuchte offenbar einen langwierigen Prozeß, den die evangelischen Landstände gegen den Fürstbischof um die Pfarrechte bis vor das Reichskammergericht geführt hatten, durch einen Streich zu beenden. Er ließ im November 1702 die Kirche abbrechen und am Südende des Dorfes ein neues, nunmehr zweifelsfreies katholisches Gotteshaus erbauen. Es ist interessant, heute die Streit- und Klageschriften zu lesen, mit denen Argumente hin und her gewechselt wurden. In den Streit um das kleine Heißum waren schließlich nicht nur die beiden Kontrahenten und das Reichskammergericht, sondern auch der Niedersächsische Kreis mit dem Gesamthaus Braunschweig-Lüneburg und der Kurfürst von Brandenburg verwickelt.
Ein formales Ende erreichte der Streit mit einer Art Vergleich, dem am 11. Juli 1711 abgeschlossenen Hildesheimer Religionsrezeß. Danach durfte die katholische Kirche in Heißum bestehen bleiben, der Bischof und sein Domkapitel mußten jedoch für die evangelische Gemeinde ein Ersatzgotteshaus erbauen lassen. Es wurde 1723 fertiggestellt und ist bis heute erhalten geblieben. Die katholische Kirche wurde 1833 verkauft und abgebrochen, so daß heute wieder nur eine Kirche mitten im Dorfe steht. Als Hildesheimer Amtmann wirkte im Ort kurze Zeit der Vater Leo von Klenzes. Der später

berühmte Architekt wurde in Buchladen auf der anderen Seite des Salzgitterschen Höhenzuges geboren.
Die kleine, aus Eichenfachwerk erbaute Kirche besitzt nur einen Dachreiter mit einer geschweiften Haube über dem Westgiebel für die Glocke. Er wird durch einen kräftigen Holzstiel getragen, der innen zugleich die kleine Westempore stützt. Die Wetterfahne nennt die Jahreszahl einer Erneuerung von 1902, 1955 wurden Kriegsschäden beseitigt. Unter den Ausstattungsstücken befinden sich zwei Altarleuchter, die in Messing-Treibarbeit Figuren der 12 Apostel zeigen. Die originellen Leuchten scheinen in der Barockzeit gotischen Vorlagen nachgebildet zu sein.
Während des letzten Krieges war die Kapelle ein Materiallager und wurde bei der Explosion eines Munitionszuges auf der Bahnlinie beschädigt. Durch den Zuzug von katholischen Vertriebenen entstand danach noch einmal die historische Situation einer wechselseitigen Benutzung durch beide Konfessionen. Der alte Streit lebte jedoch nicht wieder auf. Man geht im Dorfe friedlich miteinander um und feiert fröhlich Jahr um Jahr das Mausebrunnenfest zusammen mit vielen Gästen aus dem weiten Umkreis.

Othfresen

In den um 1240 aufgezeichneten Stader Annalen, die wichtige Ereignisse als Jahreschronik festhalten, wird zum Jahre 1048 von einem Hof „Otfredhessen“ berichtet. Damit gehört das Dorf zu den ältesten urkundlich erwähnten im Landkreis. Der Hildesheimer Bischof besaß hier umfangreichen Besitz, der vielfach verpfändet und weiterverlehnt wurde. Durch die Hildesheimer Stiftsfehde gelangte Othfresen 1519 zusammen mit den zur Liebenburg gehörenden Gebieten an den Herzog Heinrich von Braunschweig.
In diese Zeit fällt ein interessantes Kapitel der Kirchengeschichte. Die Pfarre war ein landesherrliches Patronat, das mit dem Sieg über den Fürstbischof auf den Herzog übergegangen war. Dieser übertrug das Patronatsrecht seinem „vielgetreuen Küchenschreiber Joachim Kricko“ als Lehen. Dem Recht der Zeit entsprechend war dieses Lehen als eine Einnahme aus den Pfründen der Pfarre anzusehen. Da der Küchenschreiber das Pfarramt natürlich nicht ausüben konnte, brauchte er einen Geistlichen als Afterlehensmann, dessen „Miete“ einen Teil der Einnahmen verbrauchte.

Othfresen.

Wir wissen über diesen Vorgang Bescheid, weil sich Joachim Kricko bitter beklagt hat, daß seine Pfarrkinder nicht bereit waren, ihn und den bestellten Pfarrer Heningus Sandery zu bezahlen. Die Bewohner von Othfresen und Heißum hatten Heningus Greuen zum Seelsorger gewählt, der sich jedoch auch über die mangelhafte Zahlungsmoral seiner Gemeinden beklagte. Mit der Einführung der Reformation 1542, über die ein Visitationsprotokoll von Luthers Freund Anton Corvin vorliegt, endet diese amüsante Geschichte.
Die mittelalterlich bedeutsame Kirche wurde leider 1892 abgebrochen. Nur Fotos halten die Erinnerung noch wach. Dafür ist nach Plänen des Architekten Wendebourg ein neugotischer Ersatzbau mit reichen Architekturgliederungen und einem schlanken, spitzen Turm errichtet worden. Aus der alten Kirche wurde nur das Abendmahlsgerät übernommen und in den Turm ein Grabstein von 1358 wieder eingesetzt. Bemerkenswert ist im westlichen Teil des Dorfes noch die Zehntscheune des Klosters Wöltingerode von 1724. Eine katholische Kirche ist 1958 am Westrand des Ortes neu errichtet worden.
Der Ort wurde mehrfach durch Brände und Kriegshändel stark in Mitleidenschaft gezogen. Die meisten Fachwerkhäuser stammen deshalb aus dem 19. Jahrhundert. Durch den Eisenerzbergbau im Salzgitterschen Höhenzug und frühe Verhüttungsversuche am Posthof im 19. Jahrhundert sowie durch die Erschließung neuer Erzvorkommen in den 30er bis 60er Jahren unseres Jahrhunderts erlebte Othfresen jeweils einen kurzfristigen Aufschwung, der sich im Wohnungsbau bemerkbar gemacht hat. Alle diese Unternehmen sind 1963 wieder eingestellt worden. Insbesondere die Siedlung *Heimerode*, die für die Bergleute 1938–1940 errichtet wurde, erinnert noch an diese Zeit.
Beim Bau der Aufbereitungsanlage der Eisenerzgrube Ida sind in der Nähe der *Bahnhofssiedlung* interessante Vorgeschichtsfunde gemacht worden. Es war das erste „sächsische“ Reihengräberfeld um 700 nach Christi, das damit eine Änderung der Bestattungssitten und den Wechsel in die neue christlich geprägte Weltordnung anzeigt.
Etwas abseits im Tal liegt der Ortsteil *Posthof*. Er wurde 1827 neben der alten „Neuen Mühle“ erbaut, nachdem ein Jahr vorher der alte Weg von Goslar nach Hildesheim als Chaussee ausgebaut worden war. Durch den Straßenbau bekam auch ein über den Flötheberg

führender Abzweig in Richtung Halberstadt eine neue Bedeutung und fixierte den Punkt für den Bau eines in gewissem Abstand notwendigen Posthofes. Hier konnte man Station machen und vor allem die Pferde wechseln. Der Posthalter hatte deshalb ständig 24 Pferde im Stall stehen und konnte prahlen: „Mir wird das Geld von drei Seiten auf den Hof gefahren".

Der Weg über den Salzgitterschen Höhenzug war recht steil. Angeblich soll schon Napoleon I. bei einer Fahrt über den Flötheberg befohlen haben: „Wenn ich zurückkomme, will ich nicht über, sondern durch den Berg fahren". Seine Niederlage in Rußland verhinderte seine Wiederkehr, so kam es erst 1836 zu einer ersten Vertiefung des Paßweges und im Hungerjahr 1847 als Notstandsmaßnahme zum Bau des heutigen tiefen Hohlweges. Für 75 Pfennig Tagelohn wurde die beachtliche Leistung erbracht.

Die Glanzzeit der heute noch stehenden Wirtschaft im Posthof dauerte nicht lange. In den 50er Jahren des 19. Jahrhunderts wurde die Bahnlinie Börßum–Kreiensen erbaut, und 1856 fuhr die erste Lokomotive Reisende am Schäferstuhl, auf dem heute Segelflieger eine Heimstatt gefunden haben, vorbei. Der Verkehr verlagerte sich zunehmend von der Straße auf die Schiene, und 1868 mußte die Posthalterei deshalb schließen. Der Bahnbau brachte jedoch neues Leben in die Wirtschaft.

Der Braunschweiger „Eisenbahnkönig" Strousberg errichtete 1872 gegenüber eine Hütte zur Verarbeitung der Eisenerze, um daraus Schienen fertigen zu lassen. Die sauren Erze waren jedoch nur schwer und unwirtschaftlich zu verhütten. Das Vorhaben wurde deshalb nach wenigen Jahren wieder aufgegeben. In die Gebäude zog eine Zuckerfabrik ein, die der inzwischen florierende Rübenanbau notwendig machte. Sie hat fast 100 Jahre produziert, bis der Konzentrationsprozeß in der Zuckerindustrie auch diesem Unternehmen ein Ende bereitet hat. Die Baulichkeiten wurden abgebrochen.

Upen

Auf dem linken hohen Ufer der Innerste thront auf einer Hochebene am Osthang der Wallmodener Berge das Dorf. Dieser Lage dürfte es auch seinen Namen verdanken. Von der alten Wegeverbindung auf der rechten Seite des Innerstetales aus gesehen lag es „uppen" =

oben auf der Höhe. (Uppen ist auch die historische Namensform.) Das Bächlein, das heute verrohrt im Dorfbild verschwunden ist und seinen Namen verloren hat, muldete nur ein schwach ausgeprägtes Tal aus.
Wie die meisten Dörfer im Harzvorland war auch Upen eine regelmäßige Anlage. Rechts und links des Baches reihten sich die Höfe. Eine Nachbesiedelung schuf eine zweite Hofreihe dahinter, die durch schmale Zugangswege zwischen den älteren Hofstellen mit dem lebensspendenden Bachlauf verbunden war. Die Kirche steht auf einem Geländesporn erhaben und weithin sichtbar mitten im Dorf.
Die Lage auf der dem Fernverkehr abgewendeten Seite des Innerstetales hat dazu geführt, daß die Häuser nicht so oft zerstört worden sind wie in anderen Dörfern des Harzvorlandes. So finden sich hier aus allen nachmittelalterlichen Jahrhunderten noch Beispiele für den Fachwerkbau und die Hofentwicklung im Verlauf der Zeit. Bedingt durch die guten Sandsteinvorkommen in den Wallmodener Bergen fallen viele Werksteinarbeiten an den Sockeln, Treppen und den Einfriedungsmauern mit den schönen Torpfosten auf.
Urkundlich wird „Uppen“ erstmals 1176 erwähnt. Damals hat Bischof Adelog von Hildesheim dem Kloster Heiningen Grundbesitz im Dorf geschenkt. Die Erwähnung einer „Villikation“ läßt darauf schließen, daß Upen damals noch der Mittelpunkt einer größeren Grundherrschaft war, die allmählich aufgeteilt wurde. So besaßen Klöster der Umgebung, der Hildesheimer Bischof und das Große Heilige Kreuz in Goslar dort Höfe und Zehntgerechtsame.
Von der mittelalterlichen Kirche ist nur ein Rest mit zwei kleinen gotischen Fenstern in der Ostwand erhalten geblieben. Die heutige Gestalt erhielt sie durch einen Neubau auf Kosten der Gemeinde nach 1715. Es ist eine Saalkirche mit einem Dachreiter über dem Westgiebel, der eine doppelte, verschieferte Haube besitzt. Der Innenraum ist von einer Holztonne überspannt. An der Ostseite steht zwischen zwei Priechen ein kleiner barocker Kanzelaltar. Eine große Westempore trägt die Orgel. Von der Ausstattung sind noch zwei barocke Messingkronen bemerkenswert.
Die hohe Lage der Kirche mit der weithin sichtbaren Spitze des Dachreiters hat dieser zu einem besonderen Rang verholfen. Die Landvermessung des vorigen Jahrhunderts benutzte sie als Fixpunkt

anstelle eines trigonometrischen Gerüstes. So kommt es, daß auf den Karten der Urmessung und zum Teil noch auf den Katasterkarten unserer Tage für die Landschaft zwischen Goslar und Hildesheim eine Richtungsangabe „Kirchturm Upen“ zu finden ist. Vielleicht erinnert die Jahreszahl 1868 in der Wetterfahne nicht nur an eine Neueindeckung, sondern auch an dieses Ereignis.

Ostharingen

Eine Lößinsel in der Schotterterrasse des Innerstetales hat, wie Vorgeschichtsfunde belegen, hier schon früh zu einer ständigen Besiedelung geführt. Mit der Christianisierung wurde so Haringen zur Mutterkirche im Densigau und später zum Amtssitz eines Archidiakons. Obwohl dies in der Geschichte weit zurück liegt, entstand durch die Gebietsreform von 1977 die Merkwürdigkeit, daß in der heutigen Gemeinde Liebenburg zwei Archidiakonate der mittelalterlichen Kirchenorganisation vereinigt sind.
Das Dorf liegt auf dem linken Innersteufer in einer vom Lakebach ausgewaschenen Mulde. Es war wie viele andere im Harzvorland ein Bachdorf, bei dem die Hofstellen rechts und links des Wasserlaufes angeordnet waren, die Nachbesiedlung in zweiter und gelegentlich dritter Reihe durch Wassergassen mit dem Bach verbunden waren. Eine große Fläche um die Kirche war der Friedhof, dessen Umfang auf die Bedeutung als Mutterkirche im Mittelalter schließen läßt. Die urkundliche Überlieferung darüber ist allerdings dürftig.
In der Geschichte spiegelt sich die Grenzlage zwischen dem Fürstbistum Hildesheim und dem Herzogtum Braunschweig wider. Aus dem Bann Gitter-Haringen wurde nach der Stiftsfehde (1519–1523) das Amt Liebenburg, allerdings ohne das Dorf Ostharingen. Es wurde eine Exklave des Amtes Lutter und war somit Braunschweiger Territorium. Diese Situation blieb bis 1942 bestehen, als durch die Schaffung der Stadt Salzgitter Ostharingen zum Ausgleich für die Verluste vom Kreis Gandersheim nach Goslar eingetauscht wurde. In dieses „Tauschgeschäft“ wurde noch 1944 der Jerstedter Forst mit einbezogen, den Gandersheim erhielt.
An die lange Zeit, in der Ostharingen als Braunschweiger Exklave im Königreich Hannover lag, das 1814 das ehemalige Fürstbistum Hildesheim übernommen hatte, erinnert nur noch der Stiftskrug an

der Grenze, am Ortsausgang nach Osten. Die Kreisstraße 29, die heute durch das Dorf führt, hatte in früheren Zeiten eine größere Bedeutung. Hier gab es im Mittelalter sogar eine Wegkreuzung zwischen der Verbindung Goslar–Hildesheim auf dem linken Innersteufer und einem Weg von Lutter über Liebenburg in Richtung Halberstadt–Magdeburg.
Die Kirche stammt überwiegend noch aus dem Mittelalter. Der romanische Bau ist spätgotisch überformt worden. An das rechteckige Schiff sind zwei Chorräume angefügt. Der Turm tritt nur außen in Erscheinung. Innen liegt an dessen Stelle die Orgelempore.
Nach der Schlacht bei Lutter am Barenberge 1626 benutzten Tillys Reiter die Kirche acht Tage lang als Pferdestall. Es ist deshalb verwunderlich, daß noch einige alte Ausstattungsstücke erhalten geblieben sind, unter denen sich ein Altarschrein befindet. Bemerkenswert ist das Altarkreuz. An einem Brettkreuz hängt eine Christusfigur aus Fürstenberger Porzellan, die wohl von dem bedeutenden Meister Simon Feilner zwischen 1750 und 1760 geschaffen worden ist. Durch die Reformation verlor die Pfarre ihre Bedeutung, sie wurde von Bredelem aus mitbetreut.

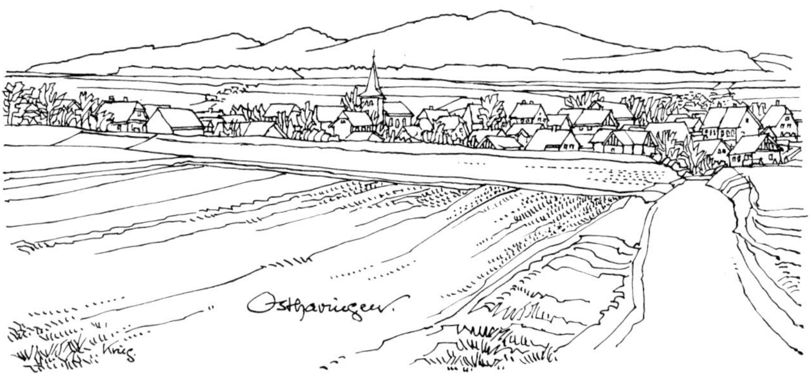

Mitten in dem Dreieck, das von den Orten Upen, Ostharingen und Ostlutter gebildet wird, liegt am Ostabhang der Wallmodener Berge der *Haarhof.* Es ist das letzte Gebäude der untergegangenen Ortschaften West- und Mittelharingen. Das waren Rodeorte im Haarwald, die den Mutterort Haringen zu Ostharingen machten. Der

Boden war jedoch so schlecht, daß die Bewohner hier kaum ein Auskommen fanden. Seit dem Ausgang des Mittelalters verließen sie deshalb den Ort und zogen vermutlich nach Upen, denn von dort aus wurden die restlichen Felder weiter bewirtschaftet.
Schon der Flurname Haar deutet an, daß es sich um einen schlecht nutzbaren Schotterboden handelt. Hinzu kommt, daß sich in der Tiefe darunter parallel zur Innerste ein unterirdisches Flußsystem entwickelt hat. Es wirkt wie eine Dränage und macht sich auf der Oberfläche durch trichterförmige Einbrüche, Dolinen, bemerkbar. Im Park von Altwallmoden tritt der unterirdische Wasserlauf als mächtige Quelle zutage. Jetzt sind die einst gerodeten Flächen über diesem Höhlensystem weitgehend wieder bewaldet.
Das heutige Gebäude wurde 1771 als Vorwerk der Domäne Liebenburg errichtet, die hier seit dem 14. Jahrhundert eine Viehweide betrieb. Auch dies lohnte sich wohl nicht, denn ab 1824 bis 1963 wohnte hier der Förster, der den sich ausbreitenden Wald betreute. Es war ein einsamer Platz ohne Versorgungsleitungen mit einem 2 km langen Weg zum nächsten Ort. Deshalb erhielt der Revierförster am Ortsrand von Bredelem ein neues Dienstgebäude. Der alte Haarhof fand eine neue Nutzung. Er ist heute ein beliebtes Ausflugslokal und Ferienplatz in romantischer Umgebung.

GEMEINDE WALLMODEN

Von all den vielen Edelherren, von hohem und von niederem Adel, die sich nach Orten in unserem Kreis genannt haben, ist nur ein einziges Geschlecht nicht ausgestorben oder hat die Heimat nicht verlassen: Die von Wallmoden. Das Edelingsgeschlecht, dessen Angehörige vom Schwert wie auch vom Spindelmagen führende Stellungen in weltlichen und geistlichen Ämtern weit im Umkreis einnahmen, ist seit der ersten Nennung eines Tedel als Gefolgsmann Heinrich des Löwen auf der 1016 zuerst urkundlich genannten Burg seßhaft geblieben. Seither führen übrigens alle männlichen Familienmitglieder bis heute zusätzlich den Vornamen Tedel (= Tidelinus = Dietrich).
Auf der Höhe der die Innerste begleitenden Wallmodener Berge liegt die *Pagenburg*, eine von mächtigen Wällen und Gräben umgebene Fluchtburg, die auf eine frühe Besiedelung der Landschaft hinweist. Unter den Bergen verläuft durch ein Höhlensystem ein Wasserlauf, der im Park von Alt-Wallmoden in einer mächtigen Quelle zutage tritt. Er war wohl der Anlaß, sich im Tal niederzulassen. Heute versorgt dieser Quell einen Teil des Salzgitterschen Industriegebietes mit Trinkwasser. Der bewaldete Kalksteinrücken der Wallmodener Berge ist durch die „Drainage“ sehr trocken.

Altwallmoden

Die „curtis Walmonthem“ war 1016 ein Erbgut des Bischofs Meinwerk von Paderborn. Dieser schenkte es dem Bistum, und bis zur Ablösung in neuerer Zeit blieb Altwallmoden Paderbornsches Lehen mit den Herren von Wallmoden als Inhaber. Als weitere Lehnsherren hatten sie die Bischöfe von Hildesheim, die Herzöge von Braunschweig und die Grafen von Wernigerode neben dem freien Erbgut auf beiden Seiten der Innerste. Innerhalb des Fürstbistums Hildesheim blieb der Gutsbezirk von Altwallmoden bis zur Verwaltungsreform von 1852 ein selbständiges adeliges Gericht. Die Kirchen gehörten zum Archidiakonat Ringelheim.
Obwohl die mittelalterliche Wasserburg nicht durch die vielen Fehden der Zeit zerstört wurde, ist davon nur noch ein baufälliger Zwin-

Altwallmoden.

gerturm erhalten geblieben. Die heutige Anlage besteht aus einem umfangreichen Wirtschaftshof mit Gebäuden aus der Barockzeit. Die malerische Baugruppe des Herrenhauses stammt aus verschiedenen Zeiten. Mit reichem Schnitzwerk ist der Nordflügel 1579 aus Fachwerk errichtet worden. Neben dem Treppenturm schließt an der Westseite zunächst eine offene, zweigeschossige Galerie und im rechten Winkel dazu ein 1628 fertiggestellter Flügel an. Quer davor ist 1833 der dritte Flügel erbaut worden. Von den Innenräumen ist der 1855 von dem Hildesheimer Maler Albrecht nach dem Vorbild des Huldigungssaales im Goslarer Rathaus ausgeschmückte Tedelsaal bemerkenswert. Er schildert die Sage von Tedel Unvorferd (dem Unerschrockenen), dem Gefolgsmann Herzog Heinrichs des Löwen von Braunschweig.
Das Dorf ist eine für eine Burgsiedlung mit Unfreien typische Anlage. An einen langgestreckten Anger reihen sich rechts und links die Hausgrundstücke. An der einen Schmalseite liegt die Burg, jetzt das Rittergut mit der „Schloßkirche", an der anderen die „Dorfkirche" und die Thielinde. Der Hausbestand stammt überwiegend aus dem 18. Jahrhundert. Dazu gehört auch das stattliche Pfarrhaus von 1774 an einer Längsseite des Angers.
Von der „Kapelle" genannten Dorfkirche steht nur noch ein bescheidener Rest. Der ehemalige Friedhof ist zu einer Gedenkstätte für die Gefallenen beider Kriege ausgebaut worden. Die heutige Pfarrkirche stammt erst aus der Zeit nach der Reformation. Die jetzige Gestalt erhielt sie durch Um- und Erweiterungsbauten von 1851 und durch den Baurat Hase 1883. Der Saalbau ist von einem hölzernen Tonnengewölbe überspannt und von Emporen umgeben.
Durch die Ausstattungsstücke, Kanzelaltar und Gutspriechen mit bemalten Brüstungsfeldern, Rahmenschnitzereien und Bekrönungen entsteht der Gesamteindruck einer barocken Dorfkirche. Als besonderes Einzelstück ist eine Eichenholzmadonna aus dem 13. Jahrhundert zu erwähnen. Das Patronat hatten zu allen Zeiten die Herren von Wallmoden. Es ist deshalb nicht verwunderlich, daß in der Kirche und an vielen Bauten immer wieder das Wappen dieses Geschlechtes, drei Steinböcke, anzutreffen ist.
Der weitgehend zum Besitz der Herren von Wallmoden gehörende Ort Kantingerode, das heutige *Könneckenrode,* besteht nur noch aus wenigen Häusern. Erstmals 1154 erwähnt, wurde er wie so viele

Neuwallmoden.

„rode“-Orte weitgehend wüst, und die Gemarkung wird seit 1460 von Altwallmoden aus mitbewirtschaftet. Eine Eisenerzgrube der Reichswerke Salzgitter war in der Gemarkung nur kurzzeitig in Betrieb.

Neuwallmoden

Der reiche Grundbesitz der v. Wallmoden machte es möglich, daß das Geschlecht südlich vom Gutshof am Neilepaß eine feste Burg erbauen konnte. Damit waren jedoch die Stadt Goslar und der Hildesheimer Bischof nicht einverstanden, die eine Behinderung des Handelsverkehrs und eine Beeinträchtigung ihrer Interessen befürchteten. So mußte sie schon 1307 an diese beiden verkauft werden. In einer Fehde 1368 zerstört, wurde sie nicht wieder aufgebaut.
Bestehen blieb das kleine Dorf, das sich im Schutze der Burg an der Fernstraße Hildesheim–Lutter entwickelt hatte. Es mußte jedoch unter den Fehden stark leiden und blieb auch von Brandkatastrophen nicht verschont. So stammt der Fachwerk-Hausbestand überwiegend erst aus dem 19. Jahrhundert. 1854 wurde auch das Schulhaus erbaut. Aus der Front des zweigeschossigen Fachwerkhauses steigt ein Turm mit einer schlanken Spitze auf. In ihm sind die Uhr und eine Schlagglocke untergebracht.
Der Ort liegt malerisch in der durch die Neile ausgewaschenen Lücke zwischen dem Hainberg und den Wallmodener Bergen. Nach Süden öffnet sich das fruchtbare Luttersche Lößbecken, im Norden und Westen schirmen die mit Laubwald bedeckten Berge die Ortslage vom Wetter ab. Den Neiledurchbruch bei Neuwallmoden und den Paß bei Könnekenrode benutzte die uralte „Frankfurter Heerstraße“, die heutige B 248. Quer dazu verlief ein Arm der alten Handelsstraße vom Frankenland zum Slawenland, die bei Bodenstein und Ostlutter die Pässe zur Durchfahrt des Lutterschen Beckens nutzten. Auch hier wurde kurzzeitig Eisensteinbergbau betrieben. Auf der Zunge des Westerberges liegt ein frühgeschichtlicher Ringwall mit etwa 90 m größtem Durchmesser. Im Volksmund wird er, wohl im Gegensatz zur Pagenburg, *Reitbahn* genannt. Die Wälle sind noch bis zu 2 m hoch erhalten.

Bodenstein

1146 erstmals erwähnt, bestand der Ort damals aus dem Dorf Holthusen und wohl einem Edelhof Bodenstein, aus dem später der Klosterhof entstand. Im 13. Jahrhundert ging fast der ganze Landbesitz als Hildesheimer Lehen an das Kloster Frankenberg in Goslar, das es von einem Klosterhof (Domäne) aus bewirtschaftete. Auch das Patronat über die Kirche und das Untergericht besaß das Kloster. Schließlich gehörten auch mehrere Teiche und die Kuckucksmühle noch zu dem großen Besitz.

Die stattliche Domänenanlage und die Kirche füllen den Nordwestteil des Dorfes aus. Die massiven Wirtschaftsgebäude heben sich mit den Putzflächen und Sandsteingliederungen von den Fachwerkhäusern der Höfe ab. Hier ist seit 1987 die Deckstation des Landgestüts für die Warmblutpferdezucht dieser Region untergebracht. Die erhaltenen Bauten der ehemaligen Domäne stammen aus dem 18. Jahrhundert. Unter den Fachwerkhäusern befinden sich einige ältere, Nr. 3 ist 1666 datiert.

Die Kirche St. Antonius ist ein rechteckiger Saal mit einer flachen Decke und einem kleinen Dachreiter. Bei dem durchgreifenden Umbau des 18. Jahrhunderts, der das heutige Erscheinungsbild prägt, wurden gotische Mauerteile wiederverwendet. Ein Kanzelaltar und eine Empore mit bemalten Brüstungsfeldern sowie zwei bemalte Fenster sind die wesentlichen Ausstattungsstücke der kleinen Kapelle, die seit dem 17. Jahrhundert Filial von Mahlum war.

Oberhalb des Dorfes liegen die *Bodensteiner Klippen,* herausgewitterte Horste einer Hilssandsteinrippe. Sie wurden früher Ostersteine genannt und sind zum Teil von der Natur, teilweise künstlich geformt, wie zum Beispiel die „Sofaklippe“. 1442 war hier in einer heute verschwundenen Höhlung, dem Wehrkopsloch, eine Eremitenklause eingerichtet. Nicht weit entfernt, aber außerhalb der Kreisgrenze, ist im Hainberg die in die gleiche Felsformation gehauene barocke Hubertuskapelle erhalten geblieben.

Die heutige kahle Feldflur um Bodenstein ist erst nach den „Gemeinheitsteilungen“ von 1834 entstanden. Diese „Verkoppelung“ machte aus dem Gemeinschafts- Einzeleigentum. Die neuen Besitzer rodeten dann Büsche, Bäume und Hecken, um Ackerland zu gewinnen.

Bodenstein.

STADT LANGELSHEIM

Die zweite Stufe der Gebietsreform hat 1977 hier zum Zusammenschluß von Orten geführt, die einen sehr unterschiedlichen Charakter haben. Einer reinen Landwirtschaft wie in Bredelem stehen Industriestandorte wie Herzog-Julius-Hütte und Frau-Sophienhütte gegenüber. Dazu gehören dann noch das ehemalige Waldarbeiterdorf Wolfshagen und die ehemalige Bergstadt Lautenthal. Drei Kreisen gehörten die Orte vorher an. Das ist eine für den Harzrand typische Siedlungsstruktur.
Es paßt zu den Gegensätzen, daß sich in diesem Gebiet die ältesten Siedlungsfunde befinden, aus der Steinzeit auf dem Rösekenbrink am Nordrand von Langelsheim und beispielsweise ein mächtiges Hünengrab bei Bredelem. Die „heim"-Orte stammen aus einer Siedlungsepoche der Zeit um 500 n. Chr. Dazu gehört Langelsheim jedoch nicht. Die alte Namensform Lagneze verweist auf eine Bergnase, aber auch in die gleiche Zeit. Der Oberharz wurde erst im 16. Jahrhundert durch den Bergbau wieder erschlossen. Der Erzverhüttung folgte die Metallchemie unserer Tage. Forst und Wald, Steine und Erden bestimmten weiterhin die industrielle Entwicklung, bei der sich zur Zeit eine Umstrukturierung bemerkbar macht.
In karolingischer Zeit entstand wohl zum Schutz der bedeutenden Ost-West-Straße, als deren Etappenstation und wohl auch schon als Fluchtburg eine große quadratische Anlage. Von den Wällen dieser *Hindenburg auf dem Kanstein* sind heute nur noch Reste erhalten, nachdem ein Kalkbruch große Teile des Berges abgeräumt hat. Als diese Burg im 13. Jahrhundert erstmals erwähnt wurde, hatte sie offenbar schon ihre einstige Bedeutung verloren und diente nur noch als Lagebezeichnung für Hütten, in denen Rammelsberger Erze geschmolzen wurden. Die Verkehrslage, Burg und Hütten waren jedoch die Ansatzpunkte für die Besiedlung und die wirtschaftliche Entwicklung in diesem Bereich des Innerstetales.

Langelsheim

Der 1131 erstmals in Urkunden auftretende Ort war im Mittelalter bäuerlich geprägt. Seit dem 12. Jahrhundert läßt sich auch die übliche

Astfeld

Es besteht die Vermutung, daß der 1178 zuerst urkundlich genannte Ort zu jenen „feld“-Siedlungen gehört, die als Wirtschaftshöfe bei einer karolingischen Burg angelegt worden sind. Tatsächlich liegt Astfeld nur wenig östlich des Kansteines mit der Hindenburg. Im Mittelalter war es ein Pfarrdorf im Archidiakonat Haringen. Als Patronatsherr trat jedoch das Goslarer Domstift in Erscheinung, das auch den überwiegenden Anteil an Grund und Boden besaß. Dort gab es auch eine Saline und eine Hütte.

Eine Edelingsfamilie, die sich nach dem Ort von Astfeld nannte, hatte wohl einen Walhof an der Nordostecke bei der alten Kirche. Das Rittergut wurde erst um 1660 von dem Obristen Roly zusammengekauft und mit einer Immunität versehen. Das Herrenhaus ist als kleine barocke Schloßanlage gestaltet, mit einem Hauptgebäude im Hintergrund eines von Flügelbauten flankierten und von einem Torhaus mit Portal abgeschlossenen Hofes. Im Park stehen einige seltene Bäume. Nach der Aufsiedelung des Gutes wurde der Komplex geteilt und entstellend verändert. Einige Innenräume haben Stuckdekorationen.

Die alte St.-Lorenz-Kirche hat ein wunderliches Schicksal gehabt. An den romanischen Turm schließt ein 1723 erbautes Schiff mit dreiseitig geschlossenem Tor. Der Gemeinde gefiel das Gotteshaus nicht mehr, sie ließ um 1880 nach Plänen des Baurates Hase eine neue Kirche an der Hauptstraße in neugotischen Formen errichten. Das alte Inventar wurde verschleudert. Die alte Kirche wurde das Spritzenhaus des Ortes und erhielt dafür ein Einfahrtstor in der Chorseite. Vor wenigen Jahren wurde das Gebäude verkauft und von einer Familie zu einem Wohnhaus hergerichtet. Die Außenansichten blieben dabei unverändert.

Im Ort sind noch eine Anzahl alter, zumeist kleiner Fachwerkhäuser erhalten, die jetzt herausgeputzt werden. Zu den Beispielen gehört die gezeichnete „Schucke“ (=Wasserpumpe). Ein kleines Neubaugebiet hat sich nach Süden in Richtung auf den Ortsteil Herzog-Julius-Hütte entwickelt. Die Pfarre hatte einst einen großen Umfang. Zu ihr gehörte nicht nur Julius-Hütte, sondern auch Wolfshagen und seit dem 16. Jahrhundert der Rammelsberger Bezirk von Goslar.

Astfeld
„Die Schücke"
Krieg.
88

Herzog-Julius-Hütte

Am Talausgang der Grane hat Herzog Julius von Braunschweig auf der Wüstung Voltzingeroth eine kleine Hüttensiedlung angelegt. Ähnlich wie Oker und die Frau-Sophienhütte sollte sie Rammelsberger Erze verschmelzen und als Konkurrenz die Goslarer Hütten ausschalten. Die alten Gebäude sind seit 1970 abgebrochen und die großen Schlackenhalden beseitigt worden. Auf dem Gelände steht heute eine Hütte zur Erzeugung von Selten- und Reinmetallen. Der ehemals schmutzige Ort ist jetzt zu einer schönen Wohnsiedlung geworden.
Oberhalb des Dorfes liegt die 1966 erbaute *Granetalsperre*. Mit Hilfe einer zentralen Aufbereitungsanlage wird von hier aus das gesamte südliche Niedersachsen bis etwa zur Aller mit Trinkwasser versorgt. Die Harzwasserwerke betreiben ein Fernleitungssystem, das die großen Harzer Talsperren verbindet und die Trinkwasserversorgung sicherstellt.

Wolfshagen

Offenbar lag im Tal der Tölle innerhalb des Harzes einst ein sogenannter Wolfsgarten, ein von Dornenhecken umhegter Platz, in den Wölfe gelockt und gefangen wurden. Er gab dem Ort den Namen. Als er 1317 erstmals urkundlich erwähnt wurde, gab es hier schon eine Kapelle und wohl auch seit längerer Zeit zwei Burgen eines bedeutenden Harzer Herrschergeschlechtes, der Herren von der Gowische, die im Mittelalter Bergbau und Hüttenwesen beherrscht haben.
Die eine, nur noch als Erhöhung sichtbare Burgstelle liegt mitten im Dorf bei der Kirche. Diese, ein Filial von Astfeld, ist ein 1891/92 ausgeführter Umbau des verschalten Fachwerkbaues. Einige wenige Gerätschaften wurden aus dem barocken Vorgängerbau übernommen. Die zweite Burgstelle liegt auf dem *Burghagen*, einem zum benachbarten Innerstetal steil abfallenden Höhenrücken. Dieser Sattel ist durch fünf tiefe Gräben in vier Abteilungen gegliedert. Von den Gebäuden sind nur wenige Spuren geblieben.

Wolfshagen im Harz.

Im Ort sind noch einige der typischen, mit Holz verkleideten Häuser erhalten. Da der Bergbau nie lohnend war und es kein landwirtschaftlich nutzbares Gelände gab, waren die Bewohner früher fast ausschließlich im Forst tätig: Köhler, Waldarbeiter und Kulturfrauen. Nur fünf Familiennamen kamen einst hier vor, und alle waren miteinander verwandt und verschwägert. Allein 90 Familien hießen Bauerochse! Am 22. Februar 1707 wurde im Ort, im Haus Winkelgasse 14, der Klavierbauer Heinrich Engelhard Steinweg geboren. Er wurde der Stammvater der New Yorker Firma Steinway. Heute ist Wolfshagen mit seiner Ferienhaussiedlung ein beliebter Urlaubsort geworden, der auch durch den Zuzug von Einwohnern in der Nachkriegszeit an Größe gewonnen hat.
Am Talausgang der Tölle ließ Herzog Heinrich d. J. von Braunschweig eine Hütte errichten, die er nach seiner 1575 verstorbenen Gemahlin, der Tochter des Königs Sigismund von Polen, *Frau-Sophienhütte* benannte. Die Arbeiter und deren Familien wurden von ihm mit besonderen, den Freiheitsrechten der Bergleute angenäherten Begünstigungen versehen. Die mit Langelsheim verbundene Siedlung erinnert mit Namen wie Freiheitsplatz und Freiheitsstraße noch daran.
Das Ende des Oberharzer Bergbaues bedeutete ab 1931 auch die Schließung der Hütte. Auf dem abgeräumten Gelände und im Anschluß daran, das Innerstetal aufwärts, entwickelte sich danach ein umfangreiches Gebiet mit Betrieben der chemischen Industrie, einem Betonwerk und metallverarbeitenden Unternehmen.

Bergstadt Lautenthal

Auf den Spuren des untergegangenen mittelalterlichen Bergbaus fand der Bergmann Kaspar Bitter aus Wildemann 1529 im Tal der Laute mächtige Silbererzadern. Im Jahr darauf begann die Förderung, und es entstand eine der sieben Oberharzer Bergstädte: Lautenthal, dem um 1560 die Stadtrechte und die Bergfreiheit vom Braunschweiger Herzog verliehen wurden. Bis 1930 wurden die Erze abgebaut, die Silberhütte bestand noch bis 1969. Der älteste Ortsteil befindet sich rechts und links der Laute, bis zum Bischofstal

Hotel
Lautenthal.

schließt sich eine geplante Anlage mit rechteckigen Baublöcken an, zu der auch der Marktplatz und die darüber thronende Kirche gehören.
Die malerisch gelegene Paul-Gerhard-Kirche wurde 1649–59 als Saalbau errichtet. Die wachsende Bevölkerung war der Anlaß, ein Jahrhundert später ein Dachgeschoß und innen eine zweite Empore oberhalb der an drei Seiten umlaufenden zu errichten. Die reiche Ausstattung mit barockem Schnitzwerk, Kanzelaltar, Orgelgehäuse und bemalten Emporenbrüstungen stammt überwiegend von 1719, die hölzerne Taufe von 1652. Die oberen beiden Priechen schneiden in das hölzerne Tonnengewölbe ein. Obwohl die Kirche einen Turm mit einer barocken Laterne besitzt, enthält dieser nur die Schlagglocken. Für das Geläut steht oben am Berg ein selbständiger Glockenturm.
In der Stadt sind noch viele alte Häuser aus dem 16. bis 19. Jahrhundert erhalten. Die Holzverkleidungen verdecken oft die Schmuckformen, die zum Beispiel am Brauhaus (mit Brauereimuseum) noch zu sehen sind. Insbesondere am Markt steht noch eine Reihe großer Häuser mit schönen Haustüren. Am Ausgang nach Wildemann ist in den ehemaligen Betriebsgebäuden ein Bergwerks- und Hüttenmuseum eingerichtet, das auch einige Stollen wieder zugänglich gemacht hat.

Im Innerstetal weiter aufwärts befindet sich die kleine Niederlassung *Hüttschental.* Im 16. Jahrhundert als Sägemühle gegründet und über 300 Jahre so betrieben, ist es heute unter anderem ein kleines Betonwerk. Hier stand vor der Jahrhundertwende das erste Kurhaus. Damit begann der Kur- und Fremdenverkehrsbetrieb, von dem heute die alte Bergstadt weitgehend lebt.
Zwischen Lautenthal und Langelsheim wurde 1966 die *Innerstetalsperre* erbaut. Sie dient vorwiegend landeskulturellen Zwecken, um die Hochwassergefahr am Unterlauf der Innerste zu verringern, und ist zum Wassersport freigegeben. Ein Stützpunkt dafür ist der *Berghof* mit einem Campingplatz.

Bredelem

Das Dorf Brethenehim wird zuerst 1147 in einer Urkunde erwähnt. Aus der anderen Namensform Bredenheim kann man noch heute die abgeschliffene Endung des „heim"-Ortes entnehmen. Auch hier gab es eine Edelingsfamilie, die sich nach dem Ort nannte, und einen an viele Klöster und Herren vergebenen Grundbesitz besaß. Die volksetymologische Ableitung des Namens „Betlehem" hat jedoch nichts mit der Heiligkeit des Ortes zu tun. Die Lage auf dem linken Innersteufer vor dem langen Feld auf fruchtbarem Grund und an frischem Quellwasser hat offenbar schon früh zu einer Besiedelung geführt. Auf dem Heidenbrink, dem hohen Ufer, fand man nämlich 1959 ein 16 m langes Hünengrab, eine 4000 Jahre alte Steinkammer, die am Feldrain erhalten werden konnte.
Am 15. Mai 1830 fiel das gesamte Dorf einer Feuersbrunst zum Opfer. Das war für das Königlich-Hannoversche Amt Liebenburg ein Anlaß, den Wiederaufbau so zu regeln, daß breitere Straßen angelegt und die Hofstellen verbreitert wurden. Einer erneuten Katastrophe sollte dadurch entgegengewirkt werden. Auch die Kirche wurde 1846/47 neu erbaut, jedoch an alter Stelle, auf der höchsten Stelle des Klimpes.
Es ist eine schlichte, aus Lutterschen Werksteinen errichtete Saalkirche, mit einer flachen Decke. Der Westturm besitzt eine Laterne mit einer schlanken Spitze. Innen hat man die bis dahin übliche Ausstattung mit einer an drei Seiten umlaufenden Empore übernom-

men. Auch der Kanzelaltar entspricht diesem Grundsatz. Alles ist jedoch in den schlichten Formen der Zeit hergestellt. Aus der Vorgängerkirche konnte offenbar nur das Abendmahlsgerät gerettet werden.
Das Wasser der Innerste wurde wahrscheinlich schon seit dem zeitigen Mittelalter für den Antrieb von Mühlrädern benutzt. So erscheint die *Palandsmühle* erstmals 1358 im Besitz des Goslarer Klosters Grauhof. Heute hat sich daraus eine kleine Siedlung entwickelt. Zuletzt diente die Mühle einer Holzschleiferei. Eine weitere Mühle wird zur Stromerzeugung genutzt.

SAMTGEMEINDE LUTTER

Im Rahmen der Gebiets- und Verwaltungsreform haben einige Orte eine losere Form des Zusammenschlusses als Samtgemeinde gewählt. Dazu gehört auch die nachstehend beschriebene Samtgemeinde Lutter.
Eine fruchtbare Bördelandschaft, von den Osterköpfen, dem Hainberg und den Langelsheimer Bergen umgeben, liegt sie vor dem Nordwestrand des Harzes. Es ist altes Siedlungsland, der historische Densigau. In der Mitte des von der Neile durchflossenen Kessels liegt auf einer markanten Kuppe die Burg Lutter. Sie war nicht nur ein Herrschafts- und Verwaltungsmittelpunkt, sondern kontrollierte auch die durch drei Paßhöhen verlaufenden Fernstraßen, nach Norden: Hildesheim und Braunschweig, nach Osten: Goslar und Halberstadt, sowie nach Westen: Seesen und Holzminden, und als Frankfurter Heerstraße nach Göttingen. Diese Lagefunktion macht deutlich, warum sich in diesem Raum immer wieder Kämpfe und Straßenräubereien abgespielt haben. Die Entscheidungsschlacht des 30jährigen Krieges bei Lutter am Barenberge ist davon als Markstein in die europäische Geschichte eingegangen.

Flecken Lutter am Barenberge

Um mehrere Lutter-Orte voneinander zu unterscheiden, tritt 1459 erstmals der Beiname „Biscopps luttere vor dem Barenberg" auf. Lutter stammt wahrscheinlich von dem reinen, dem lauteren Bach ab, an dem der Ort liegt. Der Barenberg hat dagegen der Forschung Sorgen bereitet. Nur eine unbedeutende Kuppe jenseits der Paßhöhe von Neuekrug trägt diesen Namen. Er könnte aus einer Grenzbeschreibung des Herzogtums Braunschweig übernommen sein. Die Suche der Lutterschen nach ihrem Barenberg wird wohl noch lange weitergehen.
Die Burg wird erstmals im 10. Jahrhundert urkundlich erwähnt. 1259 erwarb sie der Hildesheimer Bischof von der Edelingsfamilie von Lutter. Wie üblich, folgte danach eine lange Reihe von Burgleuten, Pfand- und Lehnsinhabern als adelige Besitzer. Unter diesen

Lutter a/Bbge.
Krieg 88

wurden 1427 die v. Schwiecheldt von einem Zusammenschluß der benachbarten Fürsten wegen Straßenräuberei bekämpft und vertrieben. Seit dem Erwerb war die Burg Gerichts- und später Amtssitz des Hildesheimer Bischofs. Im Zusammenhang mit der Hildesheimer Stiftsfehde kamen Burg und Amt 1523 in den Besitz des Herzogtums Braunschweig.
Bis zur Aufsiedelung der Domäne 1961 war die Burg mit dem Wirtschaftshof eine stattliche Anlage, die sich rund um einen Hof gruppierte. Nach dem Abbruch der meisten Nebengebäude sind nur noch der mittelalterliche Bergfried mit dem umgebenden, um 1700 erbauten, ehemaligen Amts- und Wohnhaus sowie die massive, gotische sogenannte Brauerei erhalten geblieben. Bis zum 19. Jahrhundert war außerdem der Burghügel noch mit einer Stützmauer und einem Wassergraben umgeben.
Der Bergfried ist weithin in der Landschaft zu sehen. Daneben ragt die schlanke Spitze der Kirche in den Himmel. Im Volksmund hat sich dafür der Vers vom dicken Amtmann und dem dünnen Pastor gebildet.
Die heutige St.-Georg-Kirche wurde 1869 anstelle einer älteren erbaut. Damals begann die Gemeinde zu wachsen, weil der gute Sandstein aus den Brüchen bei Ostlutter als Material für die romanischen und neugotischen Bauten beliebt wurde. So wollten auch die Lutterschen Einwohner eine solche Kirche als Vorzeigeobjekt haben. In den Neubau wurden nur das Abendmahlsgerät, einige Grabsteine und als wichtigste Stücke zwei romanische „Theophilus-Glocken“ übernommen.
Der Ort mit schönen Fachwerkbauten hat in den letzten Jahren große Anstrengungen unternommen, das Straßenbild zu sanieren. So ist auch ein kleiner zentraler Platz entstanden. Die Höfe stammen alle erst aus der Zeit des ausgehenden 18. und aus dem 19. Jahrhundert.

Ostlutter

Nur selten kann man aus mittelalterlichen Urkunden etwas über die Gründung eines Ortes erfahren. Man muß sich mit einer ersten Erwähnung begnügen und feststellen, daß der Ort erheblich älter ist. Hier bei Ostlutter ist der Gründungsakt, wenn auch mit etwa 10 Jah-

Ostlütter.

ren Verspätung, 1403 belegt. Die Herren v. Schwiecheldt, Mitbesitzer der Burg Lutter, legten damals in einem Tal am Windenberg, an der Straße von Lutter nach Ostharingen, einen Wirtschaftshof an, um den sich einige Brinksitzer gruppierten.
Einen Aufschwung nahm der Ort nach 1800, als die Steinbrüche im Hilssandstein ein beliebtes Baumaterial für Kirchen, Staats-, Verwaltungs- und Bahngebäude lieferten. Der gut zu bearbeitende Sandstein war in dem schmalen, bei Langelsheim beginnenden Vorkommen schon im Mittelalter gebrochen und beispielsweise für die Kirchenbauten in Goslar verarbeitet worden. In den 30er Jahren unseres Jahrhunderts kam ein letzter Aufschwung, zum Beispiel für die Verkleidung der Autobahnbrücken.
Die Steinmetze fanden zwar ein gutes Auskommen, der Staub verstopfte jedoch die Lungen und führte zu einem frühen Tod. Sie wurden kaum älter als 35 Jahre. So wurde Ostlutter das Dorf der jungen Witwen. Heute ist der Hammerschlag der Steinmetze verstummt. Die Schluchten der Steinbrüche mit dem von grün über gelb bis rot schimmernden Felswänden sind romantische Landschaftsbestandteile und verschwiegene Grillplätze geworden. Auf den trockenen Kalk- und Sandsteinböden wächst eine interessante und vielfältige Flora.
Eine Kapelle mußte 1830 wegen Baufälligkeit abgebrochen werden, weil der Patron, Graf v. Schwiecheldt, nicht dazu bereit war, seinen Kostenanteil zu tragen. In der hügeligen Ortslage wirken die kleinen, zumeist zweistöckigen und aus dem 18./19. Jahrhundert stammenden Häuschen besonders reizvoll. An die Arbeit in den Steinbrüchen erinnern die sorgfältig gequaderten Fundamentmauern, Treppenanlagen und Torpfosten mit Monogramm und Bauzeitangaben.

Nauen

Der heutige Ort ist aus mehreren, dicht beieinanderliegenden Siedlungen entstanden: Klein-, Groß-, Kirch- und Südnauen. Bis auf Kirchnauen sind die übrigen wahrscheinlich im Mittelalter wieder wüst geworden. Schon in der Stiftungsurkunde des Klosters Ringelheim wird der Ort 940 erwähnt (die Urkunde ist zwar gefälscht, der Inhalt aber wohl richtig, denn er wird 1131 beglaubigt). Im 13. Jahr-

Nauen.
Krieg.
83

hundert erwarb das Goslarer Nonnenkloster auf dem Frankenberg die meisten Höfe und Zehnten.
Die Kapelle war ein Filial von Lutter. Sie stammt in der heutigen Gestalt wohl aus dem 18. Jahrhundert und ist ein kleiner, aus Fachwerk errichteter Saalbau mit Ziegeldach und einem achtseitigen Dachreiter mit geschwungener Haube über dem Westgiebel. Das von einem Vordach geschützte Westportal hat Türflügel mit einem aufgedoppelten Rautenmuster. Innen befindet sich an der Westwand eine Orgelprieche.
Über dem Altar hängt ein bemerkenswertes Barockkunstwerk von 1693, ein Holzrelief, das wahrscheinlich aus der alten Lutterschen Pfarrkirche bei deren Abbruch übernommen worden ist. Es ist die sehr seltene Darstellung von Christus im Sinne seines Bibelwortes: „Ich bin der Rebstock, Ihr seid die Reben“. Der Gekreuzigte hängt vor einem goldenen Mantel. Seine Füße laufen in Wurzeln aus. Den Fingern und dem Haupt entwachsen Weinblätter und Reben, die von fünf Männern und zwei Frauen in Zeittracht gepflückt werden. Zwei weitere Männer mit Trauben daneben sollen evtl. Apostel darstellen.
Der kleine Ort bietet keine Besonderheiten. Die an ihm vorbeiführende Bahnlinie Seesen–Braunschweig, etwa der Trasse der alten Frankfurter Heerstraße folgend, hat an Bedeutung verloren. Südöstlich von Nauen liegt der kleine Weiler *Rhode.* Er war einst ein Edelhof der Herren v. Salder, wurde dann Zubehör des Rittergutes Lutter und im 19. Jahrhundert abgebrochen. In der Nähe befindet sich die Kahlenberg genannte große Schanze aus der Schlacht bei Lutter 1626. Hier mündet auch der Dolger Bach in die Neile, der die Erinnerung an die Wüstung *Dolgen* wachhält. In der Nähe dieser wohl schon im Mittelalter verlassenen und nicht in der Schlacht zerstörten Wüstung steht heute ein Aussiedlerhof auf ehemaligem Dömänenland von Lutter.

Gemeinde Hahausen

Es gibt Orte, die wie durch einen Blitz für Sekundenbruchteile der Weltgeschichte erleuchtet werden, um danach wieder in der Vergessenheit zu versinken. Dies wird noch dadurch verstärkt, daß ein anderer Name an die Stelle des eigentlichen Geschehens rückt und

Standquartier. Vom Dorf aus griff er mit rund 24 500 Soldaten die auf dem niedrigen Pöbbeckenberg im Schutz der versumpften Bäche Neile und Hummecke stehenden etwa 18 000 königlich-dänischen Truppen an. Christian mußte sich mit seinem Gefolge in regelloser Flucht in die Feste Wolfenbüttel zurückziehen. Das Schicksal der evangelischen Stände war damit für lange Zeit besiegelt. In der Schlacht fiel auch auf dänischer Seite der General Fuchs in der Nähe der *Pöbbecken-Mühle.* Sein Grabdenkmal steht neben der Straße von Lutter nach Seesen. König Christian hatte sein Quartier in der Burg Lutter. Dort ergaben sich auch die letzten Truppen des Königs. Danach ist sie als Schlacht von Lutter am Barenberge in die Geschichte eingegangen.

Neuekrug

Der neue Krug, der sich im Ortsnamen heute vordrängt, war einst nur ein Hof mit einer Kruggerechtsame in der Paßhöhe an der vielbefahrenen Straßengabel von Seesen nach Goslar und Braunschweig. Hier konnten die Reisenden Station machen, die Pferde wechseln, bewirtet werden und Logis finden. Um derartige, einsam gelegene Wirtschaften ranken sich immer viele Geschichten, und manches wird sich davon auch wirklich zugetragen haben.

Die Entwicklung zu einer kleinen Ortschaft ist sehr jung und eine Folge des Eisenbahnbaus in unserer Gegend. Als im Jahre 1883 die Verbindung Goslar–Seesen fertiggestellt wurde, entstand bei dem Krug ein Abzweig in Richtung Salzgitter–Braunschweig und damit ein respektabler Umsteige- und Verschiebebahnhof. Betriebsgebäude und Wohnungen für Bahnbeamte folgten. So wuchs eine Streusiedlung heran, die in schöner Lage in letzter Zeit auch weitere Bauherrschaft anzieht.

Das alte Gehöft ist ein stattlicher Dreiseithof mit Fachwerkgebäuden aus dem 18. und aus dem 19. Jahrhundert. Am Portal findet sich die Jahreszahl 1753. Er beherrscht die alte Wegegabel Seesen–Goslar und Lutter–Braunschweig mit seiner gepflegten Anlage. Es ist der Priensche Hof. Älteren Lesern wird dabei die Erinnerung an den letzten Krieg wach werden. Der bekannte Kapitänleutnant gehörte zu den weitläufigen Verwandten der Hofeigentümer.

Neuekrug.
Krieg 88

STADT SEESEN

Vor dem Westrand des Harzes liegt ein von der Nette ausgewaschenes sehr fruchtbares Becken, der Ambergau. Vom Harz im Osten, vom Heber im Südwesten und von der Harplage im Norden umschlossen, ist es ein altes Siedlungsland mit Orten, deren Ursprung bis weit in die Vorgeschichte zurückreicht. Es ist jedoch auch ein geschichtsträchtiges Gebiet, denn hier kreuzten sich bedeutende Fernstraßen, die die Harzbarriere umgehen wollten. Sie suchten, in dem dreieckigen Becken die Paßsituationen auszunutzen. So kam die Frankfurter Heerstraße von Braunschweig über Lutter durch den Paß bei Hahausen und folgte der Harzrandfalte. Die westfälische Heerstraße (der Helweg) kam aus Richtung Einbeck–Gandersheim und vereinigte sich bei Seesen mit der Frankfurter Straße bis zum Paß bei Hahausen. Die Nette öffnete schließlich noch nach Norden einen Weg nach Hildesheim.
So ist es nicht verwunderlich, daß sich entlang der Trassen Pfalzen, Reichsburgen und Schlösser reihen. Hier ist gut nachzuvollziehen, wie der Gang der Besiedelung erfolgt ist, wie Rodungen den Wald zurückgedrängt haben, Dörfer wieder wüst wurden, Herrschaften entstanden und vergingen. Besonders interessant ist der Vorgang, wie Reichsgut in den Besitz der Klöster gelangte und durch Erbfolgen Herrschaft, Eigentum und Lehen wechselten. Immer hat auch ein Stück europäische Geschichte hier gespielt.
Die heutige Stadt Seesen ist aus dem Zusammenschluß von 10 bis dahin selbständigen Orten 1977 gebildet worden. Sie umfaßt annähernd das alte Braunschweiger Amt, das nach der Auflösung des Landkreises Gandersheim in dieser kommunalen Form wiedererstanden ist.

Seesen

Der Königshof Sehusa der Sächsisch-Liudolfinger Kaiser war der Ansatz zur Bildung der Siedlung. 974 schenkte ihn Kaiser Otto II. dem Kloster Gandersheim. Er dürfte um die Kirche St. Vitus gelegen haben, von der heute nur noch der Querwestriegel erhalten ist, der im 18. Jahrhundert eine Laterne mit einer geschwungenen Haube als

Seesen.

Turmspitze erhielt. Vor dieser, einst mit einem Rundwall umgebenen Pfalz, entwickelte sich die Siedlung.

Nach dem Ende der Kaiserherrlichkeit im Harzraum gelangten Pfalz und Ort im 13. Jahrhundert in welfischen Besitz. Diese erbauten eine neue Wasserburg, von der in dem vielfach umgestalteten heutigen Amtsgericht noch Reste erhalten sind. Der massive, viergeschossige Kern wurde 1592 durch den Treppenturm mit dem von Wappen geschmückten Portal ergänzt und nach dem Stadtbrand von 1673 mit dem heutigen Dach versehen. Anbauten im historischen Stil entstanden 1870 und 1885.

Unter Herzog Rudolf August wurde dann bald nach 1700 das Schloß erbaut. Im Sinne der Zeit sollte es als Jagdaufenthalt und „Lustort" mit einem entsprechenden Garten dienen. Es ist ein zweigeschossiger Fachwerkbau, der sich mit der Rückseite an den Wall der Stadtbefestigung anlehnt. Er enthält heute das Museum der Stadt. Die umfangreichen Wirtschaftsgebäude des Amtshauses, die den Schloßgarten rahmten, sind verschwunden.

In dem Gartenbereich steht auch die Pfarrkirche St. Andreas. Nachdem der mittelalterliche Bau 1673 mit verbrannt war, wurde der heutige 1702 als Hof- und Schloßkirche geweiht. Er hat einen kreuzförmigen Grundriß und innen an drei Seiten umlaufende Emporen, im Westen die Orgel, in der Ostapsis steht ein origineller Kanzelaltar. Der freistehende Altartisch ist von einem durch Säulen getragenen Baldachin überdeckt. Darauf steht die Kanzel mit einem glockenförmigen Schalldeckel. Ein Glockenturm steht frei an der Ostseite der Grünanlage. Aus der Vorgängerkirche dürfte eine 1958 im Pfarrhaus gefundene Kreuzigungsgruppe aus einem spätgotischen Schrein stammen, die den nördlichen Seitenaltar schmückt.

Vor den drei Herrschaftszentren liegt der Markt und lag das Rathaus, das 1673 mit abgebrannt ist. An dessen Stelle wurde das massive

Krieg
88
Seesen.

Brauhaus (heute der Ratskeller) benutzt. Der 1592 errichtete zweigeschossige Massivbau hatte den Brand überstanden. Hinter ihm wurde als Ersatz ein neues Brauhaus errichtet. Obwohl der Ort schon früh eine stadtähnliche Struktur hatte, wurden ihm erst 1428 die Stadtrechte verliehen. Erst gegen Ende des Mittelalters dürfte auch die Befestigung entstanden sein, von der noch Reste an der Westseite erhalten sind. Bis dahin werden die beiden Burgen Schutz geboten haben.
Die Bewohner zogen aus benachbarten Orten zu, die dadurch wüst wurden. Von der alten Stadtanlage sind nur noch Reste im Bereich des ehemaligen Königshofes zu erkennen. Hier stehen auch noch einige Fachwerkhäuser aus der Zeit kurz vor dem Stadtbrand 1673. Danach wurde die Stadt nach dem Prinzip eines Schachbrettmusters planmäßig neu erstellt.
Zweigeschossige, traufenständige Fachwerkhäuser bilden geschlossene Straßenfronten. In der Jacobsonstraße, deren Name an die dort liegende und von Jacobson begründete Bildungsanstalt erinnert, steht das stattliche Anwesen des v. Kochschen Hofes von 1671.
Aus der näheren Umgebung sind hier die *Winkelsmühle*, im Tal der Schilda die Ruine der ehemaligen Reichsburg *Schildberg* zu erwähnen. An eine kurzfristige Zeit als Heilbad erinnert das *Wilhelmsbad*. Die Entwicklung in neuerer Zeit ist an den Bau der Eisenbahnlinien im Verlauf der alten Straßen, an die Konservenfabriken und an die Schildauklinik gebunden. Sie führten zu einer großen Bautätigkeit und zur Erschließung umfangreicher Neubaugebiete.

Rhüden

Die moderne „Heerstraße", die Autobahn von Dänemark zur Schweiz, hat im Landkreis zwei Anschlußstellen: Seesen und Rhüden. Dadurch ist der Ort, der vorher nur Einheimischen geläufig war, bekannt geworden. Vorher war er einer der Grenzkuriosa, denn mitten hindurch verlief die Landesgrenze zwischen Braunschweig und Hannover, die die selbständigen Dörfer Groß- und Klein Rhüden voneinander trennte. Erst die Gebietsreform hat beide vereinigt.
Der Ortsname entstand wahrscheinlich aus dem im Niederungsgebiet der Nette häufig anzutreffenden Ried (= hriod-Riudiun).

Krieg 88
Rhüden

Nicht nur der Name, sondern auch die frühe Erwähnung bei der Erstausstattung des 852 gegründeten Stiftes Gandersheim bezeugen das hohe Alter. Zwar gab es schon im Mittelalter die Teilung des Ortes in das Groß Rhüden der Wohldenberger Grafen und das Braunschweiger Klein Rhüden; eine landeshoheitliche scharfe Trennung wurde daraus jedoch erst bei der Rückgabe des großen Stiftes an Hildesheim.

Nach dem Abbruch der Georgskapelle in Groß Rhüden 1903, durch deren Mitte die Staatsgrenze verlief, gab es für beide Ortsteile nur noch die Martinikirche. Sie ist ein 1888 eingeweihter Neubau in gotischem Stil. Den Entwurf lieferte der Hannoversche Baumeister Hase. (Der Vorgängerbau war 1834 abgebrannt.) Mit dem reich gegliederten und mit einer hohen Spitze versehenen Turm steht sie etwas protzig in dem aus schlichten Fachwerkhäusern bestehenden Dorf. In den Neubau wurde nur das Abendmahlsgerät übernommen.

Der Brand von 1834 hat fast das ganze Dorf vernichtet. Der Wiederaufbau erfolgte auf einem regulierten Grundriß. Im Tal des Schlörbaches wurde Kalibergbau betrieben. Dafür entstand die *Kolonie Karlsfund.* Das Werkgelände ist heute eine Campinganlage. Rings um Rhüden liegen viele Wüstungen, von denen einige in den letzten Jahrzehnten wiederaufgesiedelt sind oder als Einzelhöfe bestehen. Erwähnung verdienen davon: *Ober- und Unterpanshausen* am Hang des Heber sowie *Ödishausen* an dem neuen Zubringer, der B 82 aus Richtung Hahausen. Hier steht am Waldrand des Gnadberges ein alter Kalkofen als seltenes technisches Kulturdenkmal.

Mechtshausen

An den Osthang des Heber schmiegt sich in eine schwach ausgeprägte Bachmulde das kleine Dorf. Von dem Kirchenbrink aus, einer markanten Nase in der Talwange, hat man einen weiten Blick über das Rhüdener Becken und den hoch aufsteigenden Harzrand. Nach dem zweiten Namensteil „hausen" gehört der Ort zu der frühesten Siedlungsperiode, also zum ersten Landausbau. Die Gründerfamilie dürfte auch hier namensgebend gewesen sein.

Das Dorf wäre kaum einer Erwähnung wert, hätte hier nicht ein

Mechtshausen.

gaben es deshalb 1174 dem Grafengeschlecht aus Wöltingerode, das sich fortan nach seiner neuen Burg „von Wohldenberg“ nannte.
Diese Grafen von Wohldenberg waren oft in Finanznöten und veräußerten so allmählich viele Besitzungen und Rechte im Ambergau insbesondere an den Hildesheimer Bischof. Diesem aufstrebenden, 1235 gegründeten Reichsfürstentum waren sie dadurch besonders verbunden, daß Familienmitglieder in dessen Dienste traten oder sogar selbst den Bischofsthron bestiegen. Aber auch der Herzog von Braunschweig oder dessen Lehnspflichtige traten als Käufer auf. So wurde der Ambergau rechtlich zersplittert und mit entsprechenden Streitigkeiten zwischen den Parteien überzogen. 1313 gaben die Wohldenberger zusammen mit dem Verkauf der Stammburg und der Stadt Bockenem an Hildesheim ihre Rechte praktisch auf.
Nur im Umkreis des südlichen Heber verblieb ihnen ein zusammenhängender Besitz. Zu dessen Sicherung erbauten sie um 1300 eine Burg, den *Wohlenstein,* und richteten in dem davor liegenden Ort Bilderlahe den Wirtschaftshof, die spätere Domäne, ein. Es wurde nur ein kurzfristiger Aufenthalt, denn 1349 verkauften die letzten kinderlos gebliebenen Grafen Burchard und Johann v. Wohldenberg an Siegfried v. Homburg. Fortan wurden Burg und Besitz zum Streitapfel zwischen dem Hildesheimer Bischof und dem Herzog von Braunschweig. In der Hildesheimer Stiftsfehde wurde die Burg am 18. Mai 1519 zerstört und nicht wiederaufgebaut. In den umfangreichen Wallanlagen steht heute nur noch die Westhälfte des quadratischen Bergfrieds.
Das Amt blieb in Hildesheimer Besitz, es wurde jedoch auf den Wirtschaftshof verlegt und hier ein stattliches Amtshaus errichtet. Der kleine Ort neben der Domäne hat sich in den letzten Jahrzehnten kräftig erweitert. Am Hang des Burgberges haben sich einige Stationen eines barocken Kreuzweges erhalten, dessen Ausgangspunkt die kleine Barockkirche neben dem Amtshof bildet.

Engelade

Der Ort gehört zu denen, deren Endsilbe „lah“ die Bedeutung von Weichholz hat, wie es in unserem Wort Lohe noch erhalten geblieben ist. Es war also die Siedlung eines Angilo in einem Gehölz. Das

Engelade.

erinnert daran, daß die Nette, die den Talkessel durchfließt, nur ein geringes Gefälle hat. Feuchte Auwälder bestimmten einst diese Landschaft, und nach deren Beseitigung führen immer wieder starke Hochwasserfluten zu erheblichen Schäden.
Urkundlich wird der Ort erst spät, 1209, erwähnt, als das Kloster Walkenried hier Grundstücke zur Anlage von Schmelzhütten erwarb. Die Nette und die hier einmündende Seckau boten das für den Betrieb von Blasebälgen notwenige Aufschlagwasser der Wasserräder. Das Zisterzienserkloster Walkenried, das mit großem Erfolg die Landschaft am Südwestrand des Harzes in Kultur genommen hatte, begann in jener Zeit sich auch in Bergbau und Hüttenwesen zu engagieren. Es hatte Anteile an den Rammelsberger Gruben bei Goslar erworben.
Zur Verhüttung wurden viel Holzkohle und Wasserkraft benötigt. War das Holz in der Umgebung einer Hütte verbraucht, mußte diese weiterziehen. Manchmal konnte die Stelle als Wassermühle, hier beispielsweise als Papiermühle, genutzt werden, bis genügend Holz in erreichbarer Nachbarschaft nachgewachsen war, um die Hütte wieder in Betrieb zu nehmen. Eine Vielzahl solcher Hütten sind so in immer weiterer Entfernung vom Rammelsberg entstanden, waren Siedlungspunkte, wurden ganz oder zeitweise Wüstung.
Die *Sandvoßmühle* und die *Seckaumühle* auf der Strecke nach Seesen sind davon noch Siedlungsplätze. Wüstungen wurden Homanshusen, Schlackenhütte, Gravisdorpehusen und Cichencove.
Von der Zersplitterung der Herrschaft in diesem Gebiet berichtet der *Vierämterstein* südwestlich des Dorfes als alte Grenzmarkierung.
Das kleine Dorf Engelade bietet sonst keine Besonderheiten. Die Kirche St. Pankratius ist 1878–81 in neuromanischen Formen weitgehend neu erbaut worden. Der Turm mit einem von einer Laterne bekrönten Zeltdach ist gegen das Schiff etwas seitlich verschoben. Ein Glockenhaus aus Fachwerk steht frei neben der Kirche.

Herrhausen

Der kleine Ort am Austritt der Nette aus dem Harzrand duckt sich tief in die Bachmulde. Er gehörte zu der Grundausstattung des Stiftes Gandersheim und tritt deshalb schon 947 und 956 urkundlich

in Erscheinung. Im 13. Jahrhundert hatten dann die Welfen den größten Besitzanteil im Dorf. Eine auf einem Walhof ansässige Edelingsfamilie nannte sich im Mittelalter nach dem Ort. Bis 1852 besaß die 1675 geadelte Familie von Koch das Rittergut.
Die Kirche St. Georg ist 1651 an alter Stelle neu erbaut worden. Es ist ein rechteckiger Saal, an den erst 1879 der jetzigc Westturm angebaut wurde. Innen umzieht drei Seiten eine 1862 erneuerte Empore. An der Ostwand steht ein nach dem Vorbild der Seesener Andreaskirche 1801 geschaffener Kanzelaltar. Mehrfach sind in und an der Kirche dic Wappen des Joh. v. Koch und dessen Gattin Maria Schwarzkopf zu finden. Diese stifteten auch das Abendmahlsgerät.

Das Rittergut wurde im vorigen Jahrhundert abgebrochen und das Land an die Bauern verkauft. Unter den Gehöften befinden sich einige stattliche, aus dem 17. Jahrhundert stammende Fachwerk-Streckhöfe mit vorkragenden Obergeschossen.
An der Nette abwärts lagen einige Mühlen und Hütten, von denen Langevelde wüst geworden ist. Siedlungsplätze blieben die *Hammershäuser-Mühle* und die *Schlackenmühle*. Die *Eulenburg* hat ihren Namen möglicherweise von dem hier anstehenden Ton erhalten. Die Töpfer nannten sich danach „Euler“.

Ildehausen

Das Dorf erscheint erst 1147 und 1148 in der urkundlichen Überlieferung. Damals hatten dort verschiedene Klöster Besitzungen. Es gab auch eine Burgmannenfamilie, die sich nach dem Ort nannte. Deren Besitz war wohl die Grundlage für die Lehnshoheit, die die Braunschweiger Herzöge im 16. Jahrhundert erreicht hatten. Diese haben jedenfalls 1621 das Rittergut an den aus der Mindener Gegend stammenden Berghauptmann Daniel von Campen verlehnt, der sich außerhalb des Ortes nach dem Ende des Dreißigjährigen Krieges ein Gut erbaut und es „Friedenswunsch“ genannt hat.
Der Oberharzer Bergbau warf in jener Zeit gute Gewinne ab. Die Bergobrigkeit nutzte den ihr daraus zufallenden Anteil, um sich im Harzvorland anzukaufen. Das war eine gute Kapitalanlage, bot die Möglichkeit, ein Gut zu erwerben, und war die Gelegenheit, außerhalb des herben Oberharzes abseits von Hüttenrauch und Lärm in ländlicher Abgeschiedenheit zu wohnen. Stiftungen für die Kirche und die standesgemäße Herrichtung von Erbbegräbnissen erinnern bis heute in mehreren Orten des Harzrandes an diese Zeit.
In Ildehausen wurde die Gutsanlage mit dem Herrenhaus allerdings durch den 1856 fertiggestellten Bau der Bahnlinie Börßum–Kreiensen vernichtet, deren Trasse über das Grundstück führt. Nur ein Wirtshaus erinnert noch an den „Friedenswunsch“ im Dreißigjährigen Krieg. Das Dorf hatte in dem Krieg schwer gelitten. Auch die Kirche mußte 1650 unter dem Patronat v. Campens neu errichtet werden.
Die St. Johanniskirche ist ein rechteckiger Saal mit einer Holztonne als Decke und einem gedrungenen Turm an der Westseite. Er mündet

Ildehausen.

Kirchberg schließlich dürfte während der fränkischen Landnahme im 8. Jahrhundert entstanden sein. Bis heute läßt sich in der Anlage des Gutes die ehemalige rechteckige Wasserburg mit der Martinskirche auf einer kleinen Anhöhe darin erkennen. Sie hat der Burganlage und schließlich dem sich davor entwickelnden Straßendorf den Namen gegeben. Von den einst schützenden breiten Wassergräben und Teichen sind noch erhebliche Reste erhalten.
Die aufblühende Pfalz und Stadt Goslar ließ seit dem 11. Jahrhundert die kleinen Königshöfe am Südwestrand des Harzes verkümmern. So wurde auch Kirchberg zunächst an Gandersheim vergeben, gelangte in den Lehnsbesitz verschiedener Adelsgeschlechter und schließlich im 15. Jahrhundert in die Hände der Welfen. Herzog Heinrich d.J. überließ 1525 die Burg seinem Berghauptmann Wolf Sturz und belehnte schließlich als „Herren von Kirchberg" damit seine illegitimen, der Liebschaft mit Eva v. Trott entstammenden Söhne. Diese verstarben bis 1597, ohne Erben zu hinterlassen. 1615 gelangte das Gut an Dr. Daniel von Campen aus Minden. Die Familie besitzt es seit 1888 in der weiblichen Erbfolge als v. Petersdorf-Campen bis heute.
Das heutige Herrenhaus ist ein barockes, annähernd quadratisches Gebäude mit einem zweistufigen Mansarddach. Es dürfte noch Teile des 1625 errichteten Baues enthalten. Das Erscheinungsbild wird von Umbauten aus dem Anfang des 19. Jahrhunderts bestimmt. Unter den Wirtschaftsgebäuden befindet sich ein Fachwerkhaus aus der Zeit um 1550 mit einem Schmuck aus Sonnenrosenornamenten auf den Dreiecken unter der Fensterlatte des Obergeschosses, mit Schiffskehlen zwischen den Balkenköpfen und weit ausladenden Knaggen unter der Traufe. Im Dach sind übereinander zwei Reihen niedriger Schleppen für die Mälzböden angeordnet.
Die Kirche wurde um 1645 unter Verwendung älterer Mauerteile errichtet. Sie ist ein Saal mit Westturm und offenem Dachstuhl sowie an drei Seiten umlaufenden Emporen. Vor der Ostwand befindet sich ein tonnengewölbtes Erbbegräbnis. In die Empore ist der Patronatsstuhl mit einer Rokokoschranke eingebaut. Der Barockaltar wurde 1682 von der Patronatsherrschaft v. Campen gestiftet. Kanzel und Pastorenstuhl an der Südseite stammen ebenfalls aus der Barockzeit. Unter den Altargerätschaften befindet sich ein gotischer Kelch. Zwei Grabsteine sind Söhnen der Eva v. Trott gesetzt.

Stauffenburg

Der Name ist von der Bergform abgeleitet, die einem auf den Mundrand gestellten Stauf = Kelch entspricht. Hier ist es eine vor dem Fahrenberg stehende Kuppe, von der aus man einen weiten Blick über das Harzvorland hat. Die Burg wird erstmals 1130 erwähnt und stand wohl schon damals unter der Lehnsherrschaft der Welfen. Der im Mittelalter häufig wechselnde Lehnsbesitz verschiedener Herren ist nicht bemerkenswert. Sie war jedoch Sitz eines großen, bis zur Innerste reichenden Amtes.

Ihre Glanzzeit erlebte die Burg ab 1495 bis zum Dreißigjährigen Krieg. Zunächst wurde sie bis 1522 Witwensitz der Herzogin Elisabeth von Braunschweig, geborene Gräfin von Stolberg. Diese förderte die Landeskultur und insbesondere die Entwicklung der Bergstadt Grund mit dem damals neu aufblühenden Gangerzbergbau im Oberharz. Am interessantesten ist wohl die Zeit, in der die Geliebte Herzog Heinrichs des Jüngeren, Eva v. Trott, auf der Burg wohnte. Ab 1524 zeitweise, von 1532–41 hielt sie sich dauernd hier auf.

Die Geschichte von Kabale und Liebe des Herzogs Heinrich und der Eva v. Trott ist vielfach beschrieben und je nach der Einstellung der Verfasser tragisch oder komisch literarisch ausgewertet worden.

Als lebenslustiges 16jähriges Mädchen von ihrem Vater, dem greisen kurbrandenburgischen Marschall Adam von Trott an den Wolfenbütteler Hof gebracht, um der Herzogin zu dienen, erregte sie bald mehr das Interesse des Herzogs, eines erfolgreichen und skrupellosen Renaissancefürsten im besten Mannesalter. Für die Umgebung des Herzogs war das angesichts der freudlosen Atmosphäre am Hof nicht weiter verwunderlich, denn die Herzogin frömmelte.

Die Liebesaffäre blieb natürlich nicht verborgen. Die eifersüchtige Ehefrau schaltete den Kaiser ein, der dem Herzog unmißverständlich bedeutete, dem unchristlichen Spektakel – wie er es nannte – ein Ende zu bereiten und das Fräulein von Trott vom Hofe zu entfernen. Schließlich war Heinrich auch der Anführer der katholischen Partei im Kampf gegen die lutherischen Stände. Entsprechend schlachteten diese in Flugschriften auch die Affäre aus. Heinrich der Jüngere, der nicht in Ungnade fallen wollte, da er in seinem Kampf mit der Freien Reichsstadt Goslar um den Besitz des Rammelsberges des Kaisers

Unterstützung brauchte, andererseits auf die Geliebte nicht verzichten wollte, verfiel auf eine in ihrer Einfachheit und Bedenkenlosigkeit noch heute genial anmutende Lösung: Eva von Trott bat um ihren Abschied, der ihr von der Herzogin nur zu gern gewährt wurde. Wenige Tage nach ihrer Abreise erreichte den Wolfenbütteler Hof die Nachricht, sie sei erkrankt und, ohne das Bewußtsein wiederzuerlangen, im Barfüßerkloster zu Gandersheim verstorben. Vier Damen und drei Herren des Hofstaates nahmen an der Beisetzung in gemessenem Abstand teil – denn im bleichen Gesicht der aufgebahrten Toten zeigten sich verdächtige schwarze Flecken. Die Pest zog wieder durchs Land. Sichtlich erleichtert ließ die Herzogin der jäh Verblichenen eine Totenmesse lesen.
Den Herzog zog es fortan noch mehr in den Harz, zur Jagd und zu den Gruben und Hütten bei Grund und Gittelde – so jedenfalls glaubte man in Wolfenbüttel. Seine längeren Aufenthalte im Westharz dienten jedoch nicht nur dem Wohle seiner Untertanen: In dem von dichten Buchenwäldern umgebenen Schloß Stauffenburg bei Gittelde schenkte ihm seine Geliebte, in Manneskleidern vor den Blicken Neugieriger wohl getarnt, in neunjähriger freiwilliger Gefangenschaft vier Söhne und drei Töchter, die vom Pfarrer von Lichtenhagen auf den Namen von Kirchberg getauft wurden.
Das Geraune von einer weißen Frau, die nachts auf dem Turm der Stauffenburg stehe, drang langsam, aber unaufhaltsam bis nach Wolfenbüttel, wo man an Spukgeschichten natürlich nicht mehr so recht glauben wollte. Immerhin dauerte es nahezu acht Jahre, bis die Gerüchte sich zur Wahrheit verdichteten: In Gandersheim war eine Wachspuppe feierlich zu Grabe getragen worden.
Eulenspiegels Geist wehte auch im Harz, wofür die Herzogin allerdings wenig Verständnis aufbrachte. Sie nahm den Kampf sofort wieder auf und setzte Himmel und Hölle, Kaiser, Kirche und auch die Gegner ihres Mannes, den Schmalkaldischen Bund, gegen die einsame Frau im Harz in Bewegung. Am Ende des ungleichen Kampfes gab es keine Siegerin und keine Besiegte. In einer Sturmnacht schied Eva von Trott, getrennt von ihren Kindern, freiwillig aus dem Leben. Drei Tage später erlag die Herzogin einem bösartigen Fieber. Zwei legitime Söhne des Herzogs waren in der Schlacht bei Sievershausen gefallen. Der letzte, Julius, neigte der Reformation zu und sollte nicht erben. Deshalb wollte Heinrich einen der Herrn

v. Kirchberg zu seinem Nachfolger küren, diese lehnten jedoch ab und hielten dem Erben die Treue. Sie blieben sogar ohne Nachkommen, um keine Erbstreitigkeiten auszulösen. Heinrich der Jüngere heiratete noch einmal eine junge polnische Gräfin, die ihm jedoch keinen Sohn schenkte. So wurde Julius Herzog.

Noch einmal erlebte die Burg glanzvolle Jahre, als 1569–1580 die Herzogin von Münsterberg, Schwester von Herzog Julius, dort residierte. Danach war sie nur noch Amtssitz. Nachdem 1713 ein neues Amtshaus in der zu Füßen des Berges liegenden Domäne errichtet wurde, schwand auch diese Bedeutung. Nie erobert oder zerstört, verfiel sie allmählich so weit, daß heute nur noch wenige Ruinen und die alte Gerichtslinde (nach Eva v. Trott „Eva-Linde" genannt) von der alten Anlage künden.

Der Wirtschaftshof Lichtenhagen nahm nach der Verlegung des Amtssitzes den Namen der Stauffenburg an. Es ist ein stattliches Gehöft mit einigen barocken Fachwerkbauten. Eine weitere zugehörige Domäne, *Fürstenhagen,* liegt als dreiseitige barocke Hofanlage an der Nordseite des Fahrenberges in der Quellmulde der Beente. Der Namensbestandteil „hagen" erinnert daran, daß der Wohnplatz eingezäunt, wohl mit einer Hecke, dem Hag, umgeben war.

SAMTGEMEINDE OBERHARZ

Im Rahmen der Gebietsreform haben auch Oberharzer Orte die losere Form des Zusammenschlusses als Samtgemeinde gewählt. Sie gehörten dem 1972 aufgelösten Landkreis Zellerfeld an. Von den ehemaligen sieben Bergstädten, denen zur Förderung von Bergbau und Hüttenwesen besondere Rechte von den Landesherren verliehen waren, sind Clausthal, Zellerfeld, Altenau und Wildemann in dieser Samtgemeinde; St. Andreasberg blieb selbständig, Lautenthal wurde der Stadt Langelsheim zugeordnet, und Bad Grund gehört zum Landkreis Osterode.

Die Bergfreiheit war zumeist mit der Verleihung der Stadtrechte im 16. Jahrhundert verbunden. Darin wurden den Fachkräften die Selbstverwaltung mit der Wahl von Ratsherren, Richtern und Schöffen zugestanden. Die Bürger erhielten Bauplätze, Baumaterialien, das Braurecht, persönliche Freiheit und Garantien für die Nahrungsmittelversorgung (im Oberharz reifen weder Garten- noch Feldfrüchte). Trotz der streng katholischen Einstellung Herzog Heinrichs des Jüngeren von Braunschweig war der Oberharz durch die Religionsfreiheit eine rein evangelische Exklave im Lande. Allerdings mußten die Bürger Kirche, Pastor, Lehrer und Schule selbst unterhalten. Im Zeitalter des Absolutismus bestand somit im Oberharz ein erstaunlich selbständiges Gemeinwesen.

Bergbau und Hüttenwesen unterstanden einer staatlichen Bergaufsicht, die auch die Forst als Lieferanten für Holz und Wasserkraft mit umfaßte. Dabei ist es bemerkenswert, daß diese von einem Berghauptmann für alle zersplitterten Hoheitsgebiete der durch Erbteilungen entstandenen sieben Braunschweiger Linien gemeinsam ausgeübt wurde. Im Oberharz bestand so ein „technokratischer Staat" eigener Art. Den Finanzbedarf erfüllten „Gewerke", aus heutiger Sicht vergleichbar mit Aktionären, die Kapital vorstreckten und auf Gewinn hofften. Seit dem 18. Jahrhundert wurde jedoch zunehmend ein staatlicher Betrieb üblich, weil nicht mehr genügend Betriebskapital durch Privatleute aufzubringen war. Ab 1814 bröckelten auch die besonderen Bürgerrechte ab, von denen heute nur noch wenige Nutzungsrechte an Holz und Weiden verblieben sind. 1930 wurden der Bergbau eingestellt und die Oberharzer Hütten nacheinander aufgegeben.

Der Bergmann mußte den Gangerzvorkommen folgen. So entstanden über den Schächten Huthäuser, daneben Zechenhäuser, Forsthäuser, Pochwerke, Hütten und schließlich kleine Wohnplätze, die im Wandel der Zeit heute Fremdenheime, Ausflugsorte oder kleine Siedlungen geworden sind. Hatte man früher dafür gesorgt, daß nur solche Bewohner in den Harz zuziehen durften, die für des „Bergwerks Wohlfahrt" notwendig waren, ist in den letzten Jahrzehnten im Naturpark Harz ein umfangreiches Fremdenverkehrsgewerbe entstanden, das Besucher aus aller Welt anzieht.

An die einstige Bedeutung als Erzrevier erinnern noch die Stauteiche und Hanggräben. In vielen Orten sind Bergbaumuseen entstanden. Die Universität Clausthal-Zellerfeld ist wohl die wichtigste Ausbildungsstätte für den Nachwuchs der Geologen, Berg- und Hüttenleute. Auffallend viele Studenten kommen aus Entwicklungsländern nach hier. Schließlich hat die oberste Bergbehörde für 4 Bundesländer ihren Sitz in Clausthal.

Reetz erbaute Oberbergamt. Die hufeisenförmige Anlage besitzt ein schönes Treppenhaus, in dem Ausbeutefahnen ausgestellt sind, und einen Saal mit dem Deckenbild von 1837/38.
An der Südseite steht das Hotel Rathaus, 1730 vom gleichen Architekten entworfen. (Es ist Oberharzer Tradition, daß das Rathaus zugleich die Gaststätte mit Übernachtungsmöglichkeit war.) An der Nordseite steht das Hauptgebäude der Universität von 1906 mit einer berühmten mineralogischen Sammlung.
In der Osteröder Straße, wenige Schritte vom Platz entfernt, stehen das Münzer Wohn- und Dienstgebäude aus der gleichen Zeit. Seit 1849 als Münzstätte aufgegeben, dienen sie seit 1960 als Studentenwohnheime. Am Kronenplatz, dessen Gebäude nach einem Brand von 1844 erbaut wurden, steht das traditionelle Hotel „Krone". Auch in Clausthal zeigen noch viele Bürgerhäuser die Oberharzer Holzbauweise mit verschalten Fronten, deren Schmuck die schönen Haustüren sind.
Die moderne Entwicklung der Stadt wird weitgehend von den Neubauten für die Universität auf den Spittelwiesen bestimmt. Insbesondere im Feldgrabengelände entstand in den letzten Jahrzehnten ein Viertel mit Instituten und derartigen Gebäuden. Für Wohnzwecke sind insbesondere die Bremer Höhe und das Gelände um den Hausherzberger Teich erschlossen worden.
In der Nachbarschaft der Institutsgebäude steht das *Dorotheer Zechenhaus,* das hier als Beispiel für viele erwähnt werden soll. Es ist 1713 erbaut worden und diente als Wohnung für den Hutmann, als Dienstzimmer für den Steiger und als Versammlungsort für die Bergleute zum Gebet vor der Wochenschicht. Die Dorothea war die reichste Grube des Harzes und stand von 1709 bis 1864 in Ausbeute. Sie wurde von vielen Persönlichkeiten befahren.

Buntenbock

Im 16. Jahrhundert erbauten die Landdrosten von Osterode, die zugleich Berghauptleute des Grubenhagener Harzgebietes waren, im Quellbereich der Innerste einen „Junkerhof" als Sommersitz. Davon sind keine Reste erhalten. Seit dem 17. Jahrhundert entwikkelte sich daraus ein Bergflecken als Ansiedlung der Fuhrherren, die die Erze zu den Hütten und als Rückfracht Versorgungsgüter in die

Bergstädte brachten. Heute befindet sich in dem kleinen Luftkurort ein großes Erholungsheim der IG Metall.
Im 18. Jahrhundert wurde auch hier ein geringer Blei-Kupfer-Bergbau betrieben. Außerdem gab es ein kleines Tonvorkommen, das von der *Harzziegelhütte* genutzt wurde. Zu dem Ort gehört die Heilstätte *Schwarzenbach*, die aus einem Sanatorium des Dr. J. Appenrodt hervorgegangen ist. Seit 1899 ist die Anstalt im Besitz der Landesversicherungsanstalt, die sie zu einer Lungenheilstätte ausgebaut hat. Seit 1957 wird sie als „Sanatorium am Hasenbach“ für aktivierende Übungsbehandlung der Versicherten genutzt.
Auf der Hochebene zwischen Hahnenklee und Buntenbock liegen etwa 75 kleine Talsperren, die der Harzer „Teiche“ nennt. Sie hatten die Aufgabe, in den niederschlagsreichen Monaten das Wasser zu sammeln, das in den trockenen Sommermonaten zum Antrieb der Förder- und Pumpenanlagen im Bergbau benötigt wurde. Stufenförmig über Wasserräder geleitet, lieferte es die nötige Kraft zunächst für die Gruben, dann für die Hütten und zum Schluß für die Mühlen. Wenn mehr als drei Monate kein Regen fiel, mußte der Betrieb aus Wassermangel eingestellt werden. Um möglichst viel Wasser

heranzuschaffen, wurde ein umfangreiches Grabensystem erstellt, dessen längstes rund 50 km lang über den Dammgraben sogar das Brockenmoor erreichte.
Um die Teiche bei Bedarf auch entleeren zu können, führt durch jeden Damm ein durchbohrter Holzstamm als Grundablaß. Dessen Verschluß ist ein Zapfen, der von oben in diese Röhre hinein- und herausgedreht werden kann. Der Mechanismus dafür befindet sich in einem „Striegelhäuschen“, das vor dem Damm auf Stelzen im Wasser steht. Mit Hilfe eines „Kunstgestänges“ konnte auch Kraft über eine mittlere Entfernung transportiert werden. An der Straße von Zellerfeld nach Wildemann ist in der Nähe des Ringer Zechenhauses eine derartige Anlage zu sehen.

Bergstadt Wildemann

Die kleinste der sieben Bergstädte hat ihren Namen nach der ersten, 1529 angefangenen Fundgrube erhalten. Dabei griff man auf die Sagenfigur eines Wilden Mannes zurück, der hier gelebt und 1524 eingefangen sein soll. Sein damals wütend in die Erde gerammter Stab blüht noch heute als Linde vor dem Hotel Rathaus.
Die reichen Erzfunde zogen schnell Bergleute an, die in der Nähe der Gruben im Innerstetal siedelten. 1534 erhielt der Ort schon Stadtrechte. Das Wappen zeigt den Wilden Mann mit dem weißen Pferd der Welfen, das hier erstmals auftritt und heute als niedersächsisches Wappentier dient. Der Wilde Mann wurde auch ein beliebtes Motiv der Harzer Talerprägungen. Erinnert sei auch an Wilhelm Raabes Erzählung von 1884 „Zum Wilden Mann“.
Eine Kirche wurde 1543 erbaut, die 1626 und 1914 jeweils nach Brandzerstörungen wiederhergestellt worden ist. Die heutige, romantisch über dem Ort gelegene Maria-Magdalena-Kirche mit Fachwerkobergeschoß und einem Westturm mit doppelter Haube wurde 1915 geweiht und ist eine Kopie der abgebrannten Vorgängerin. Auch der Kanzelaltar wurde wieder entsprechend gestaltet.
Das Ende des Bergbaues kam hier 1924. Die Erzgänge waren damals bis in die Nähe von Zellerfeld abgebaut. 1970 ist der bereits 1524 begonnene 13-Lachter-Entwässerungsstollen wieder aufgefahren und wird als Besucherbergwerk gezeigt. (Lachter ist ein bergmänni-

Wildemann.

sches Maß von 1,919 m und bezeichnet hier die Tiefenlage des Stollens.)
Die in das enge Tal der Innerste in jeweils zwei Hausreihen übereinander eingefügte Ortschaft besitzt noch eine Anzahl der charakteristischen Harzer Holzhäuser. Darunter befindet sich das historische Gasthaus „Zum Wilden Mann". Nach dem Ende des Bergbaues suchten die Bürger nach einer neuen Erwerbsgrundlage im Fremdenverkehr.
Einen Beginn machte die Eröffnung eines Kurbetriebes im *Johanneser Zechenhaus.* Dies hatte nur allmählich Erfolg. 1963 wurde ein neues Kurhaus erbaut, und 1967 erfolgte die staatliche Anerkennung von Wildemann als Kneipp-Kurort. Seither ist ein wesentlicher Aufschwung zu verzeichnen.
Im Innerstetal aufwärts liegen einige Bergwerksniederlassungen, von denen jeweils nur wenige Bauten erhalten geblieben sind. Das ist zunächst die Grube Bergwerks-Wohlfahrt bei *Silbernaal-Grund,* die bis 1968 betrieben wurde. Hier gab es früher auch eine der Aufbereitungsanlagen (Pochwerke), die große Halden hinterlassen haben. Noch umfangreicher waren die Anlagen der *Frankenscharrn-Hütte* mit der Zentralaufbereitung am Ottiliä Schacht. Hier wurden bis 1967 die Bleierze aus den Gruben Hilfe Gottes bei Grund und Bergwerks-Wohlfahrt verhüttet. Die von den Abgasen kahl gewordenen Berghänge sind nach dem Ende der Betriebe wieder aufgeforstet worden.

Schulenberg

Im Okertal wurden schon im 16. Jahrhundert einige Gruben erschlossen, bei denen sich die kleinen Orte Unter-, Mittel- und Oberschulenberg bildeten. Mit nur geringer Ausbeute an Silber gab es verschiedene Betriebsperioden. Die letzte Grube wurde 1904 eingestellt. Auch eine Hütte im Tal hatte ab 1702 keinen dauerhaften Bestand. Als kleine Bergorte blieben sie jedoch Wohnplätze, bis Unter- und Mittelschulenberg sowie das Forstgehöft *Gemkental* im Stau der Okertalsperre 1954 untergingen.
Als Ersatz entstand auf dem Großen Wiesenberg der neue Ort Schulenberg. 1954/55 wurde die Kapelle St. Petrus errichtet. Die hervorragende Lage ließ die Siedlung aufblühen. Kur- und Sport-

Schulenberg.

anlagen, Pensionen, Heime und die wassersportliche Nutzung der Okertalsperre sind die Erwerbsgrundlage des Kurortes. Bekannt wurde auch das „Ski-Alpinum". Einige ältere Bauten finden sich nur in Oberschulenberg.

Festenburg

Der Bergort verdankt seine Entstehung ebenfalls den hier seit dem 16. Jahrhundert betriebenen Buntmetall-Erzgruben. Heute beherrscht ein großes Eisenbahner-Erholungsheim die kleine Siedlung mit Häusern aus dem 19. Jahrhundert. Im Gelände finden sich viele Spuren des Bergbaues mit interessanten „Lochsteinen" an den Grenzen der Grubenfelder.

Bergstadt Altenau

Altenau im Okertal ist die jüngste der sieben Bergstädte des Oberharzes, obwohl auch hier die Anfänge des Bergbaues und der Siedlung im 16. Jahrhundert liegen. Ein Pastor und die Kirche werden 1588 urkundlich erwähnt. Die Stadtrechte mit den Bergfreiheiten wurden dem Ort jedoch erst 1617 durch Herzog Christian von Celle verliehen. Der Bergbau brachte wegen des geringen Silbergehalts der Erze nur wenig Gewinn. Silber war in den vergangenen Jahrhunderten das Ziel jeder Ausbeute, die anderen Metalle nur Nebenerlöse. So wurden die Eisenerzvorkommen in der Nähe nur geringfügig abgebaut.
Am Ortsausgang nach Norden entstand zu Anfang des 17. Jahrhunderts eine Silberhütte, die die Erze aus den Altenauer- und Schulenberger Gruben verschmolzen hat. Zuletzt mit ausländischen Erzen betrieben, mußte sie 1911 eingestellt werden. 1914 erreichte Altenau die von Langelsheim ausgehende Bahnlinie durch das Innerstetal über Clausthal. Sie hatte Bedeutung für die Entwicklung des Fremdenverkehrs, besonders für den Wintersport. Die romantische Strecke ist inzwischen leider beseitigt worden.
Die heutige Kirche wurde 1669/70 erbaut und 1969 renoviert. Dabei erhielt sie eine neue Orgel. Der Dachreiter über dem Westgiebel trägt eine verschieferte Haube. Den Altar stifteten 1674 der Pastor Bertram und Frau. Er wurde 1730 zu einem Kanzelaltar umgewandelt

Kries.
Altenau

und gleichzeitig ein Taufengel angeschafft. Das Altargerät stammt aus der Zeit um 1700. Wie in allen Bergstädten steht auch hier der hölzerne Glockenturm von 1806 auf der Anhöhe über der Kirche, damit der Glockenklang alle Häuser in den Tallagen erreichen kann. Am Kircheneingang befindet sich eine große gußeiserne Grabplatte von dem „Ratsverwandten“ Hans Martin Hille, der von 1651–1706 gelebt hat.
Das Hotel Rathaus von 1673 zeigt an der Giebelseite noch die ursprüngliche Fassade mit einigen der einst für den Oberharz typischen Schiebefenstern. Sie gehören zu der ehemaligen Ratsstube, die wohl deshalb erhalten blieb, weil in ihr im Dezember 1777 Goethe übernachtet hat (Gedenktafel). Im Ort sind noch weitere Wohnhäuser aus dem 17./18. Jahrhundert erhalten geblieben. Das Pfarrhaus stammt von 1601. Mit ihrer Holzverkleidung fallen sie nicht besonders auf. Bei einigen finden sich schöne Haustüren. In den Jahren um 1970 ist auf dem Glockenberg mit Förderung der Landesregierung ein Ferienparkunternehmen mit bis zu 14stöckigen Appartementhäusern entstanden, das das Landschafts- und Ortsbild erheblich beeinflußt.
An der Harzhochstraße steht das 1734 als Unterkunft für den Grabenwärter erbaute *„Dammhaus“*. Es hat den Namen von dem Damm über den Sperberhaier Grund, der in den Jahren von 1732–34 aufgeschüttet wurde, um Wasser vom Brockenfeld auf die Hochebene von Clausthal-Zellerfeld zu leiten. Das Material für den Damm mußte vom Harzrand durch Frauen auf die Höhe getragen werden! Eine ähnliche Aufgabe hatte das *Polsterberger Hubhaus*. Hier wurde Wasser aus dem Dammgraben in den 18 m höher gelegenen Tränkegraben gepumpt, um damit höhergelegene Teiche füllen zu können. Jährlich findet hier zu Pfingsten das Treffen des Harzer Heimatbundes mit folkloristischen Darbietungen statt.

Torfhaus

Im Jahre 1569 gab Herzog Julius von Braunschweig den Befehl, die großen Moore in der Nähe des Brockens mit Gräben zu durchziehen und zu entwässern. Er hoffte, so Torf stechen und diesen als Brennmaterial zur Entlastung der Wälder benutzen zu können. Zur Unterbringung der Arbeiter wurde 1573 eine Hütte aus Stangen mit einer Eindeckung aus Borke errichtet. Es war der spätere Borkenkrug.

Daneben entstand ein Schuppen, in denen die Torfstücke trocknen sollten, das spätere Torfhaus.
Die Absicht erfüllte sich nicht. In dem feuchten Klima wurden die Torfstücke nicht ausreichend trocken. Dafür wurde das Haus auf der Paßhöhe des uralten „Heidenstieges" zu einer Etappenstation mit Bewirtung. Deshalb wurde nach Zerstörungen im Dreißigjährigen Krieg der Borkenkrug auch näher an der Straße, der heutigen B 4, wieder aufgebaut. Weltbekannt wurde er durch die Brockenbesteigung Johann Wolfgang v. Goethes am 10. Dezember 1777, die hier ihren Ausgang nahm. Viele bedeutende Persönlichkeiten sind seinen Spuren gefolgt, bis 1945 die Teilung Deutschlands zwischen dem Torfhaus und dem Brocken eine undurchdringliche Grenze entstehen ließ.

In den letzten Kämpfen des Krieges vom 12. bis 15. April 1945 völlig zerstört, ist die kleine Siedlung heute ein beliebtes Ausflugsziel mit Gaststätten, Hotels, Hütten und einer Jugendherberge. Anstelle des verlorenen Sendepunktes auf dem Brocken errichtete die Bundespost hier Sendemasten für Funk und Fernsehen sowie als Fernmeldebrücke nach West-Berlin. Wie Nivellierstangen mit der respektablen

Höhe von mehr als 250 m stehen die Masten neben den großen „Schüsseln“ der Empfangs- und Sendeanlagen. Für die Besucher des kleinen Ortes ist der Blick über die Grenze hinüber zum mit 1142 m höchsten Berg des Harzes, zum sagenumwobenen Brocken, eine steile Anfahrt wert.
Die Verbindung nach Altenau führt über eine erst in den letzten Jahrzehnten ausgebaute Straße, über die „Steile Wand“. Die B 4 von Bad Harzburg verläuft an der *Baste Siedlung* vorbei, die von der staatlichen Forstverwaltung nach dem Kriege unterhalb der Lerchenköpfe für ihre Forstbediensteten angelegt worden ist. An der Straße nach Braunlage liegt *Oderbrück.* Ursprünglich ein Krug an dem Heidenstieg mit einer Brücke über die junge Oder, hat sich hier nach dem Kriege eine kleine Siedlung mit Gaststätte und Vereinshütten als Wintersportstützpunkt entwickelt.

Stadt Braunlage

Die Geschichte des Platzes reicht sehr weit in die Vorgeschichte zurück. Unmittelbar nach dem letzten Kriege wurde entdeckt, daß der *Wurmberg* über der Stadt ein heidnisches Heiligtum gewesen sein muß. Die Bergkuppe ist künstlich terrassiert. Treppen führen aus den vier Himmelsrichtungen empor, und auf dem Plateau stand ein zentraler „Tempelbau“ umgeben von Grabhügeln. Ausgrabungen brachten keine abschließenden Ergebnisse über das Alter der mehrfach umgebauten Anlage.
Vor mindestens 3000 Jahren wurde hier ein zentrales Heiligtum errichtet. In der Nähe kreuzen sich zwei bedeutende Wege über den Harz, von denen heute einer an der deutsch-deutschen Grenze endet. Vermutlich ist die heidnische Stätte der Ausgangspunkt der Sagen, die sich um den Brocken ranken. Für die Vorfahren war der zweithöchste Berg des Harzes wohl markanter, und das Treiben auf dem Wurmberg wurde zum Hexen- und Teufelssabbat der Sagen. Heute ist der Berg durch eine Seilbahn erschlossen, und am Sprungturm einer Ski-Schanze befindet sich eine Gaststätte.
Die geschriebene Geschichte beginnt mit der Erwähnung einer Eisen-Hüttenstelle im 13. Jahrhundert. Eine beständige Siedlung wird wohl erst im 16. Jahrhundert entstanden sein. Ein geringer

Braunlage.

Eisenstein-Bergbau und Hütten sowie Kobaltgruben und ein Blaufarbenwerk zwischen 1756 und 1849 bildeten die dürftige Erwerbsgrundlage. Im 19. Jahrhundert gab es auch eine Glashütte. Die Handwerker waren mit denen in Blankenburg in einer Gilde vereinigt.
Um Hunger und Armut zu mildern, regte Herzog Carl I. von Braunschweig-Wolfenbüttel an, im Harz die damals noch weitgehend unbekannten Kartoffeln anzubauen. Er dachte dabei an den Aufbau einer Schnapsbrennerei als Konkurrenz gegen den „ausländischen“ Nordhäuser Korn. Ausgerechnet bei Braunlage, in der Nähe der alten Tanner Poststraße, wurde 1748 ein Anbauversuch gemacht, der fehlgeschlagen ist. Das einzige Denkmal, das der Kartoffel gesetzt wurde, erinnert im Forstort „Kartoffelhecke“ heute an dieses Ereignis.
Braunlage war ein Flecken in der Grafschaft Blankenburg, die im 16. Jahrhundert von Herzog Julius von Braunschweig-Wolfenbüttel ererbt wurde. Bei der Einrichtung der Ämterverwaltung kam der Ort zum Bezirk Hasselfelde. Nach der Franzosenzeit ist aus der Grafschaft der Landkreis Blankenburg geworden, der 1945 ohne Berücksichtigung historischer Grenzen geteilt wurde. Im Westen verblieben mit Braunlage als Sitz der Verwaltung „Restkreis Blankenburg“ noch die Orte des ehemaligen Stiftsamtes Walkenried, von denen durch das Harzgesetz 1972 Hohegeiß Braunlage eingemeindet worden ist.
Die Kirche ist ein Bau von 1889 mit romantischen Architekturgliederungen in gotischem Stil und einem Westturm mit verschieferter Spitze. In die neue Kirche wurden einige Ausstattungsstücke der abgebrochenen Vorgängerin übernommen und resthaft eingebaut. Es handelt sich um den Altaraufsatz aus der Zeit um 1600, die Kanzel von etwa 1650, das barocke Orgelgehäuse und den Taufengel. Das Abendmahlsgerät stammt ebenfalls aus der Barockzeit. Alt sind außerdem einige Grabdenkmale.
Ältere Wohnhäuser sind zumeist Neubauten der letzten Zeit zum Opfer gefallen. Beachtenswert ist das alte Forsthaus von 1658, Harzburger Straße 7, mit Schnitzereien an den vorkragenden Geschoßzonen. In den letzten Jahrzehnten hat Braunlage große Anstrengungen im Ausbau von Fremdenverkehrsanlagen unternommen. Hotels, Kurhaus und die Eislaufhalle sind dafür Beispiele. Im

Museum wird daran erinnert, daß hier 1883 die ersten Skier in Deutschland hergestellt wurden und bereits 1892 ein Wintersportverein entstand.

Nördlich der Stadt steht an der B 242 der *Königskrug*. Es ist ein Wirtshaus an dem alten Kaiserweg, neben dem einige weitere Häuser entstanden sind. Auf der Wiese neben dem Krug sind schwache Reste einer Burganlage, dem im 16. Jahrhundert erwähnten Neuschloß, zu erkennen. Der Brunnenbach südlich von Braunlage trieb einige Wasserräder von Mühlen und Hütten. Außerdem lag hier ein herrschaftlicher Viehhof. Die heutige Gaststätte *Waldmühle* ist aus einem kleinen Blaufarbenwerk hervorgegangen. An die ehemalige Kleinbahn von Walkenried nach Braunlage erinnert der Haltepunkt *Brunnenbachsmühle*, eine einstige Vitriolbrennerei.

Im Verlauf der alten Wege über den Harz, hier dem Heidenstieg/ Kaiserweg, gab es in bestimmten Abständen Rastplätze, die von

einer Befestigung umgeben waren. Der *Kapellenfleck*, west-südwestlich auf der Hochfläche, ist eine derartige Anlage. Es ist ein Rechteckwall mit einem Spitzgraben und den Ruinen einer Kapelle, die 1257 urkundlich erwähnt wird.

Hohegeiß

Das kleine Pfarrdorf wird schon 1268 als Walkenrieder Besitzung erwähnt, und 1444 erhält das Kloster die Erlaubnis, in Hohegeyz eine Kapelle zu Ehren der Jungfrau Maria erbauen zu dürfen. Der Viehhof von Walkenried wuchs so zu der höchsten Ortschaft (645 m über NN) im Harz heran. Der Erzbergbau hatte hier kaum Bedeutung. Haupterwerbsquellen waren an der Durchgangsstraße Schmiede, Böttcher und Fuhrleute. Heute ist es auch hier der Fremdenverkehr.
Die jetzige Pfarrkirche wurde 1704 eingeweiht. Sie ist ein kreuzförmiger Fachwerkbau mit 5/8 Chorschluß. 1893 erhielt sie einen Westturm mit einer Zwiebellaterne. Innen ist der Chor durch einen Kanzelaltar lettnerartig abgeschlossen. Auf dem Kanzeldeckel befindet sich ein mittelalterliches, hölzernes Kruzifix. Das Schiff besitzt an drei Seiten Emporen und ist mit einer Holztonne überdeckt. Das gotisierende Orgelgehäuse stammt aus dem 19. Jahrhundert.
Von den Wohnhäusern sind einige noch im 17. Jahrhundert erbaut worden. Darunter befindet sich das alte Pfarrhaus. Das Fachwerk ist an den Wetterseiten verkleidet. Die vorkragenden Geschosse sind reich profiliert. Am Haus Lange Straße 54 sind dazu noch Knaggen und Konsolen erhalten. Gegenüber vom Haus Lange Straße 52 steht ein mittelalterliches Steinkreuz, und daneben sind 2 Schiefergedenksteine zur Erinnerung an einen tödlichen Kampf zwischen Wilderer und Förster von 1833 aufgestellt worden.
Ähnlich wie in Hahnenklee und in Altenau ist auch neben Hohegeiß eine moderne, vielgeschossige Ferienhausanlage entstanden, die das Ortsbild beherrscht. Am Ortseingang von Norden befindet sich ein Grenzübersichtspunkt und eine Gedenkstätte für die, die in den Sperranlagen ihr Leben gelassen haben. Eine Polizeischule ist die einzige staatliche Institution im Ort.

Hohegeiß.

Südwestlich von Hohegeiß liegt das Heim *Wolfsbachmühle,* das aus einem Erzpochwerk entstanden ist. Nicht weit davon entfernt steht das Wirtshaus *Dicke Tannen* neben einer Anzahl von mehrhundertjährigen, unter Naturschutz stehenden, autochtonen Tannen. Nördlich des Ortes befindet sich am Ebersberg das Jugendheim *Heimathütte Hohegeiß,* das unmittelbar nach Kriegsende in einem Luftbeobachtungsstand der Luftwaffe von Stadt und Kreis Goslar eingerichtet wurde.

Bergstadt St. Andreasberg

Der Bergbau im Gebiet von St. Andreasberg wurde früher als der bei anderen Bergstädten wieder aufgenommen. Schon 1487 mußte Graf Heinrich zu Stolberg Streitigkeit zwischen zwei Gewerkschaften schlichten. Die ersten Bergleute wanderten aus der Grafschaft Mansfeld ein und brachten wohl den Namen des Apostels Andreas, der dort als Schatzfinder galt, mit. Es ist möglich, daß auch ein Kreuz der Gangerzvorkommen, ähnlich dem St.-Andreas-Kreuz, bei der Namensgebung mitgespielt hat.
1520 erließen die Grafen Heinrich und Ernst von Honstein nach Beratung durch den „bergverständigen" Grafen von Stolberg und Wernigerode eine erste Bergfreiheit, der 1527 eine zweite Erklärung folgte. Diese Vergünstigungen lockten Bergleute aus dem westlichen Erzgebirge in den Harz, die sich in der Nähe der Fundgruben ansiedelten. Nicht nur Recht und Ordnung, sondern auch Grubennamen und Mundart gelangten so vom Erzgebirge in den Harz. Ungewöhnlich rasch wuchs der Ort heran. Schon nach 10 Jahren standen mehr als 300 Häuser.
Hier war der Eiserne Hut, die Reicherzzone nahe der Erdoberfläche, besonders ergiebig. Es konnten stellenweise reine Silbererze gewonnen werden. Berühmt sind bei den Mineraliensammlern bis heute die Andreasberger Stufen, Schaustücke von großer Schönheit. Mit zunehmender Tiefe der Baue wurden die Erze ärmer im Silbergehalt, und die Wasserhaltung machte zunehmend Schwierigkeiten. Auch der Wald war weitgehend verbraucht. Ab 1575 machte sich das in einer Armutsperiode bemerkbar. Nach dem Aussterben

Krieg 88
St. Andreasberg.

der Honsteiner Grafen kam die Herrschaft 1593 an Braunschweig-Grubenhagen. St. Andreasberg wurde damit der Clausthaler Berghauptmannschaft unterstellt. Die Armutszeit dauerte bis zum Ende des Dreißigjährigen Krieges.
Eine neue Betriebsperiode begann nach der Mitte des 17. Jahrhunderts. Durch Wasserlösungsstollen, von denen der Sieberstollen 12 km lang wurde, gelang es, den Bergbau wieder ertragreich zu machen. 1714–21 wurde der Oderteich erbaut, der größte der Harzer „Teiche", und dadurch das notwendige Aufschlagwasser zum Betrieb der „Künste" bereitgestellt. (Der Harzer nennt alle Maschinen im Bergbau „Kunst".) Über den Rehberger Graben fließt das Wasser den Gruben in St. Andreasberg zu und trieb hier hintereinander 88 Wasserräder. Heute wird in der Grube Samson mit Hilfe dieser Wasserkraft Strom erzeugt. 1910 endete nach Erschöpfung der Erzvorräte der Bergbau. 1912 schloß auch die Silberhütte ihren Betrieb.
Eine erste Kirche wurde 1536 erbaut. 1796 in einer durch Blitzschlag entstandenen Feuersbrunst zusammen mit 249 Wohnhäusern zerstört, konnte an alter Stelle erst 1811 die heutige St.-Martini-Kirche eingeweiht werden. Sie ist ein mächtiger, schmuckloser Saalbau aus Fachwerk. Auch hier steht der Turm von 1792 mit der Wohnung des Hausmannes auf dem Glockenberg über der Stadt. Der Hausmann hatte für das Geläut und den Aufruf zur Schicht zu sorgen und war zugleich Feuerwächter. Vom Glockenberg hat man einen guten Überblick über die Stadt.
Die Neuanlage der Stadt nach dem Brand nahm den bewährten Schachbrettgrundriß zum Vorbild. Bedingt durch das stark zerklüftete Gelände mit den Taleinschnitten sind dabei sehr steile Straßen entstanden mit Neigungen von 18%. Die ältesten Häuser stammen aus dieser Wiederaufbauzeit um 1800. Es sind schlichte, holzverkleidete Bauten. Am Stadteingang von Norden steht das Gebäude einer früheren Streichholzfabrik von 1825.
Die Grube Samson enthält heute ein Bergwerksmuseum mit großen Wasserrädern und der letzten erhaltenen Fahrkunst im Harz. Zur Förderung des Fremdenverkehrs sind in den Nachkriegsjahren Kuranlagen erbaut worden. Am Matthias-Schmidt-Berg entstand eine Sommerrodelbahn. Die interessante Zahnrad-Vollbahn von Bad Lauterberg durch das Sperrluttertal ist leider abgebaut worden.

In Andreasberg gab es zwei bedeutende Nebenerwerbszweige der Bergmannsfamilien. Das war die Zucht der „Harzer Roller", der Kanarienvögel, die in alle Welt verschickt wurden, und die Frauen betätigten sich als Spitzenklöpplerinnen. Beide Tätigkeiten erleben zur Zeit einen neuen Aufschwung. Die Haupterwerbsquelle der St. Andreasberger ist heute der Fremdenverkehr.
An der Harzhochstraße, der B 242, liegt der *Sonnenberg*. Die ältere, kleine Siedlung entstand aus einem der Viehhöfe von Bauern aus dem Vorland, die hier Jungvieh im Sommer auf der Waldweide hielten. Heute ist es ein Wintersportstützpunkt. An der anderen Seite des Berges ist nach dem Kriege das „Internationale Haus" entstanden. Hier finden Tagungen und Treffen statt, die dem Frieden dienen sollen. An der Straße nach Braunschweig liegt im Tal das *Oderhaus*. Um eine Försterei und eine alte Mühlstelle hat sich hier ein kleiner Wohnplatz entwickelt, der einige Jahre eine Otternforschungsstelle besaß.

Den Abschluß des Büchleins mag der Harzer Spruch bilden:

Es grüne die Tanne,
es wachse das Erz,
Gott schenke uns allen
ein fröhliches Herz.
Glück auf!

GEMEINDEN

Verwaltungseinheiten (Ortsteile)	**km²**	**Einw.**
Samtgemeinde Oberharz	43,58	20500
Bergstadt Altenau	4,55	2500
Bergstadt Clausthal-Zellerfeld	33,95	16200
(Buntenbock, Clausthal-Zellerfeld)		
Gemeinde Schulenberg	1,74	400
Bergstadt Wildemann	3,34	1400
Bergstadt St. Andreasberg	9,84	2700
Stadt Braunlage	21,69	6700
(Braunlage, Hohegeiß)		
Stadt Bad Harzburg	65,38	23600
(Bad Harzburg, Bettingerode, Bündheim, Göttingerode, Harlingerode, Schlewecke, Westerode)		
Stadt Goslar	42,56	49600
(Goslar, Hahndorf, Hahnenklee, Jerstedt, Oker)		
Stadt Langelsheim	48,67	14000
(Astfeld, Bredelem, Langelsheim, Lautenthal, Wolfshagen im Harz)		
Stadt Seesen	102,01	21900
(Bilderlahe, Bornhausen, Engelade, Herrhausen, Ildehausen, Kirchberg, Mechtshausen, Münchehof, Rhüden, Seesen)		
Stadt Vienenburg	71,14	11200
(Immenrode, Lengde, Lochtum, Vienenburg, Weddingen, Wiedelah)		
Gemeinde Liebenburg	78,35	9500
(Dörnten, Groß Döhren, Heißum, Klein Döhren, Klein Mahner, Liebenburg, Neuenkirchen, Ostharingen, Othfresen, Upen)		
Samtgemeinde Lutter am Barenberge	59,76	4700
Gemeinde Wallmoden	16,82	1100
(Alt Wallmoden, Bodenstein, Neuwallmoden)		
Flecken Lutter am Barenberge	33,29	2600
(Lutter am Barenberge, Nauen, Ostlutter)		
Gemeinde Hahausen	9,65	1000
gemeindefreies Gebiet Harz	371,92	–

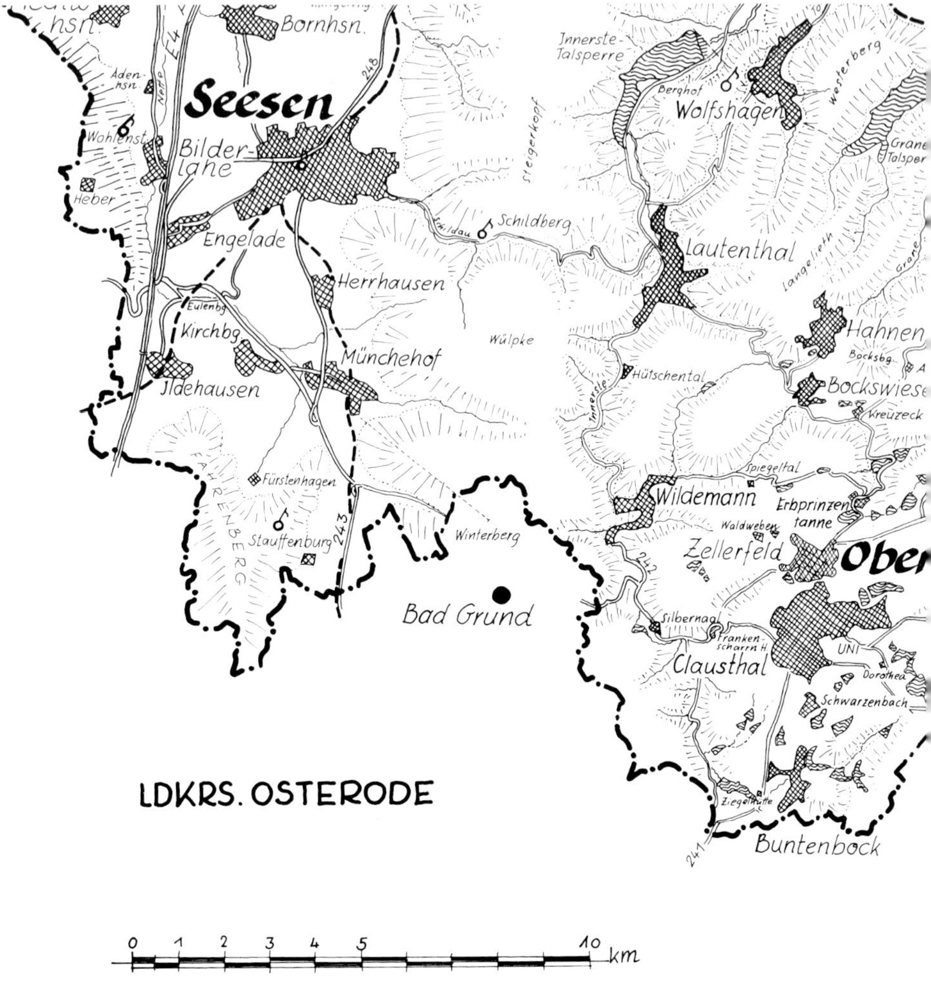

Der Landkreis Goslar
seine Städte und Dörfer

Kartenausschnitt 2

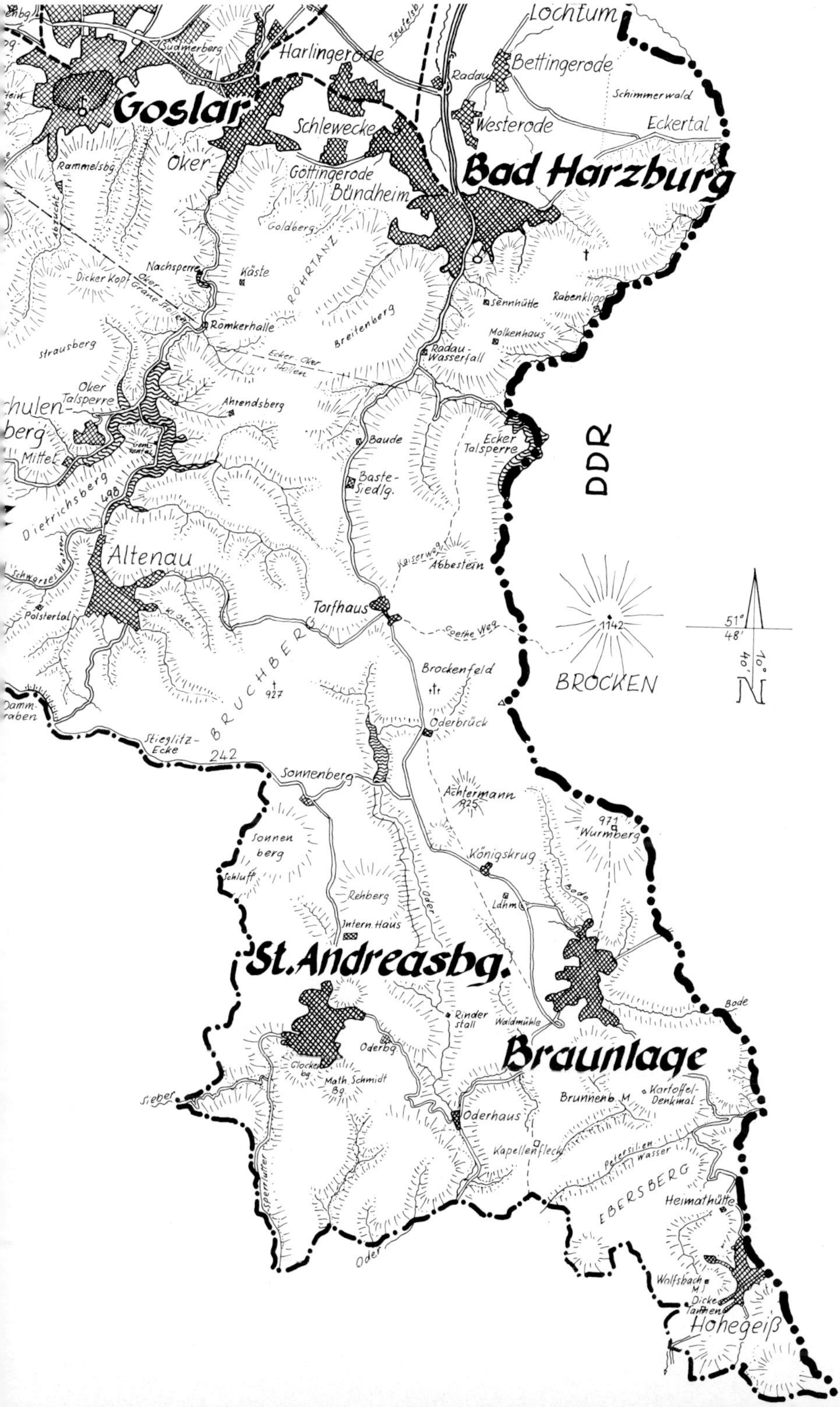
Goslar
Bad Harzburg
St. Andreasbg.
Braunlage
Altenau
Torfhaus
Hohegeiß
Lochtum
Harlingerode
Bettingerode
Radau
Westerode
Schlewecke
Göttingerode
Bündheim
Oker
Eckertal
Schimmerwald
Sudmerberg
Rammelsbg.
Goldberg
Nachsperre
Käste
Röhrtanz
Dicker Kopf
Oker Grane Stollen
Romkerhalle
Breitenberg
Sennhütte
Rabenklippe
Molkenhaus
Radau-Wasserfall
Ecker-Oker Stollen
Strausberg
Oker Talsperre
Ahrendsberg
Baude
Ecker Talsperre
DDR
Baste-Siedlg.
Dietrichsberg
498
Abbestein
Kaiserweg
Schwarzes Wasser
Polstertal
Kl. Oker
Goethe Weg
1142
BROCKEN
51°
48'
10°
40'
N
Bruchberg
927
Brockenfeld
Oderbrück
Stieglitz-Ecke
242
Sonnenberg
Achtermann
925
971
Wurmberg
Sonnenberg
Schluft
Königskrug
Rehberg
Oder
Ldhm.
Bode
Intern. Haus
Rinderstall
Waldmühle
Bode
Oderbg.
Glockenbg.
Math. Schmidt Bg.
Sieber
Brunnenb. M
Kartoffel-Denkmal
Oderhaus
Kapellenfleck
Petersilienwasser
Ebersberg
Sperrlutter
Heimathütte
Oder
Wolfsbach M.
Dicke Tannen
Damm-graben

INHALTSVERZEICHNIS

Die Reihenfolge der Orte entspricht, von der Kreisstadt Goslar ausgehend, dem räumlichen und historischen Zusammenhang. Außerhalb der Ortslage bestehende Bauten, Mühlen, Burgen, Zechenhäuser und Wüstungen sind nur dann erwähnt, wenn sie eine größere Bedeutung haben oder hatten.

Plattdeutsche Bücher aus dem ELM-VERLAG

Dieser Band umfaßt eine Sammlung plattdeutscher Geschichten und Gedichte von Autoren aus dem Braunschweiger Land. Viele Erinnerungen werden wach, liest man die Vertelligen von Wilhelm Börker, Fritz Fricke, Th. Reiche und vieler anderer.
Der Band wurde zusammengestellt von Jürgen Hodemacher und von Günther Bendt illustriert.
Ca. 176 Seiten, farbiger Umschlag, gebunden.
ISBN 3-9800219-5-5 DM 19,80

Hier ist der Band 2 plattdeutscher Geschichten aus unserem Land. Neben einer Reihe Braunschweiger Autoren kommen auch solche zu Wort, die im Harz und in der Heide lebten. Alle hatten jedoch das gleiche Ansinnen: von ihrer Heimat in Plattdeutsch zu berichten.
Ca. 150 Seiten, 15 Zeichnungen von Günther Bendt, farbiger Umschlag, gebunden.
ISBN 3-9800219-9-8 DM 19,80

wie hait dat woll in Platt?
Kleines Wörterbuch für ostfälisches Platt
Endlich ist es da: Ein Wörterbuch für ostfälisches Platt.
Das Interesse an unserer Muttersprache ist in letzter Zeit stark gestiegen. Dieses Buch soll „Anfängern“ und „Fortgeschrittenen“ helfen, sich leichter in das ostfälische Platt einzulesen. Eine Einführung bringt zunächst etwas über die Sprachgebiete, es folgen die Seiten Hochdeutsch/Platt und Platt/Hochdeutsch sowie plattdeutsche Redewendungen aus unserem Raum. 76 Seiten, brosch.
ISBN 3-9800219-8-X DM 14,80

Braunschweiger Geschichte aus dem ELM-VERLAG

Dieses Buch beinhaltet Geschichten über die Geschichte. Der Bogen spannt sich über mehrere Jahrtausende Braunschweiger Geschichte. 120 Seiten, kart., 8 Bleistiftzeichnungen und Aquarelle von Heinz Schlobach.
ISBN 3-9800409-0-9 DM 19,80

Neuerscheinung
Die erste deutsche Staatseisenbahn
Philipp August v. Amsberg war der Erbauer dieser Bahn. Ihm widmete der Autor W. M. Wunderlich sein Buch.
104 Seiten Großformat, eine Farbtafel, 70 Abbildungen, farbiger Umschlag, gebunden.
ISBN 3-9800219-7-1 DM 34,–

Bisher fehlte dem Interessenten ein leicht faßlicher Überblick über das Braunschweigische Militär. Die Aufgabe, die sich der anerkannte Heereskundler Georg Ortenburg gestellt hat, war, einen historischen Abriß dieses Kapitels zu geben. Im Geleitwort schreibt Professor Dr. W. Knopp: „Die Geschichte des Braunschweigischen Militärs aus der sachkundigen Feder von G. Ortenburg schließt eine oft empfundene Lücke.“ In einem Anhang berichtet der Braunschweiger Autor J. Hodemacher über Braunschweiger Kasernen. 116 Seiten, acht Farbtafeln und mehr als 60 Abbildungen, farbiger Umschlag, gebunden.
ISBN 3-9800219-6-3 DM 42,–

Alltagsgeschichten und Anekdoten in ostfälischem Platt – ein Stück Heimatgeschichte. 42 Seiten, 4farb. Umschlag, brosch. **– bereits in der 2. Auflage erschienen –**
ISBN 3-9800219-2-0 DM 7,80